LA MAGIA
ERES TÚ

Título original: SELF SOURCE-ERY
Traducido del inglés por Elsa Gómez Belastegui
Diseño de portada: Editorial Sirio, S.A.
Maquetación: Toñi F. Castellón
Diseño de portada: Kam Bains

www.editorialsirio.com
sirio@editorialsirio.com

I.S.B.N.: 978-84-19685-37-7
Depósito Legal: MA-1027-2023

Impreso en Imagraf Impresores, S. A.
c/ Nabucco, 14 D - Pol. Alameda
29006 - Málaga

Impreso en España

Puedes seguirnos en Facebook, Twitter, YouTube e Instagram.

 El papel utilizado para la impresión de este libro está **libre de cloro** elemental (ECF) y su procedencia está certificada por una entidad independiente, no gubernamental, que promueve la sostenibilidad de los bosques.

LISA LISTER

LA MAGIA
ERES TÚ

CONECTA CON TUS **SENTIDOS**.
CONFÍA EN TUS **INSTINTOS**.
RECUERDA TU PROPIA **FUENTE**

EDITORIAL
SIRIO

Índice

Preparando el terreno

Mientras lees y experimentas lo que comparto contigo en estas páginas, *es posible* que te llegue el perfume de la creación y percibas en el aire una suave fragancia a rosa otto, siempreviva, bergamota, canela e ylang-ylang: la mezcla de aceites esenciales que me aplico en las muñecas con mucho amor antes de cada sesión de escritura.

Es posible que sientas curiosidad por conocer la posición que ocupan Venus y Lilith en tu carta natal (*La magia eres tú* es el fruto de los dieciocho meses de mi ciclo de Venus, y, en fin, soy una Lilith en Leo, así que el libro está impregnado de ELA: **E**nergía **L**ilith **A**-lo-grande).

Es posible que tengas de repente antojo de chocolate con leche y notas de rosa (no te voy a engañar: he devorado y saboreado *muchas* chocolatinas mientras hilaba estas palabras y probablemente habré dejado alguna que otra huella de chocolate aquí y allá. Seguro que sabrás disculparme).

Es posible que sientas la necesidad, el deseo, el anhelo de prepararte un cuenco lleno de granos de granada y llevártelos a la boca con los dedos y untarte y mancharte los labios de un intenso y delicioso tono «rojo zumo de granada». (¡Porque las granadas son ricas en simbolismo, además de lo deliciosas que están!).

Es posible que te entren ganas de prepararte (y esto SÍ que te lo recomiendo) una infusión de artemisa, la planta inductora de sueños lúcidos, ¡una taza gigante! (Lo has adivinado: este libro está infundido de la medicina y la magia de la artemisa. La medicina de Ma para Estos Tiempos). Por eso, mientras lees, *es posible* que experimentes también −en realidad, estoy convencida de que será así− lo que con amor llamo «el espacio intermedio»: onírico, liminar, desconocido.

Verás, para mí escribir es improvisar: directamente desde la Fuente, directamente desde mi cuenco pélvico –el caldero borboteante de la creación– con bolígrafo de tinta de gel roja en cuadernos Moleskine rosas. Escribir el libro es entonces, básicamente, dejar que a s c i e e e n d a n a través de mí la medicina y la magia de esos *riffs*,* y sin demasiado esfuerzo, detectar sus patrones rítmicos. Y descubrir su significado, porque a los humanos nos ENCANTA encontrarle significado a todo, y para que quien lea el libro pueda asimilarlos y puedan serle útiles en algún sentido.

Pero, a menudo, este proceso puede incorporar lo que a muchos, especialmente a las mujeres, se nos da tan bien, que es divagar: hablar y crear en estilo espiral, liminar, laberíntico, sin principio ni fin, sin estructura ni forma «conocidas»; dejar que las palabras y los *riffs* y las sensaciones y las emociones vivan y respiren a través de nosotras; experimentar cómo se derraman, a veces a borbotones, desordenadamente sobre la página, sin que casi nunca, o nunca, tengan sentido para la mente pensante. (Porque, creo, la sabiduría de Ma *no está hecha* para que la intelectualicemos).

Por eso, en este libro, a la hora de dar forma a esas notas garabateadas con tinta de gel roja, no voy a esforzarme por «aprisionarlas» en una «estructura» concreta. En vez de eso, como hicieron mi abuela y mi madre antes que yo, voy a «tejer». (Las dos eran maravillosas tejedoras y tricotadoras de lana. ¿Yo? Desafortunadamente no, pero voy a intentar replicar sus habilidades juntando los hilos para crear *el todo* en forma de palabras).

Voy a entretejer mi propia mitología personal con las de las mujeres –reales y arquetípicas– que me han precedido y que están por venir. Con leyendas en las que se entrecruzan sin fin diosas, plantas medicinales, magia animal, sincronicidades, descensos y ascensos; con la oscuridad *y* la luz; con las olas oceánicas de la emoción y la sensación; con los ciclos y sus propios ciclos, y con mi fascinación infinita por los periodos intermedios: los días cruzados de la Rueda del Año celta, los días de mi ciclo menstrual cuando paso de una fase a la siguiente…, ese periodo intermedio en el que *todas* tenemos que aprender a vivir en el no saber.

A TODO ello, quiero darle espacio para vivir y respirar y seguir expandiéndose y revelándose incluso MUCHO después de que lo hayas leído.

---

* N. de la T.: El *riff* es un motivo o frase musical (principalmente en el *blues*, el *jazz* y el *rock*) que se repite dentro de la estructura de una canción y que tiene un patrón rítmico muy bien definido.

Para que cada vez que vuelvas a estas páginas, recibas algo nuevo, más profundo. Así que mi petición, mi invitación, la llamada de corazón que te hago es la siguiente: reconoce en ti, y desecha desde el primer momento, cualquier –y todo– condicionamiento y programación mecánicos patriarcales que puedan hacerte pensar que leer este libro será simplemente una forma de recoger información y que el libro estará estructurado de una manera que tenga «sentido completo», es decir, sea un «producto terminado» que te «dirá» qué hacer.

¿Puedes, en vez de eso, soltar cualquier concepto o expectativa y simplemente estar abierta?

Abierta a recibir.

Abierta a recibir *exactamente* lo que necesitas.

Todo lo que necesitas para conectar con tus sentidos, confiar en tus instintos y recordar.

Recordar tu magia.

Recordar que *eres* magia.

Experimentar, oír, oler, ver, palpar y presenciar cómo te hacen s e n- t i i i r t e las palabras y la magia entretejidas en estas páginas, susurradas, cantadas y exclamadas a golpe de tambor.

¿Qué magia y medicina quiere ser recordada a través de ti?

Estos son tiempos
salvajes.

Afortunadamente,
tú también lo eres.

¿Qué significa redescubrir tu magia?

En el caos de Estos Tiempos, es cuando he sido llamada a crear y compartir este libro contigo, porque el caos *es* la madre de la creación. Pero ¿en qué consiste exactamente reconocer la fuente de energía y magia que eres?

Es supersimple y, A LA VEZ, muy, muy complejo. Porque al igual que redescubrir la esencia de nuestra naturaleza femenina –y este libro está firmemente implantado en el reino del poder femenino (ya que lo necesitamos hoy más que nunca)–, reconocer que eres fuente de magia entraña una paradoja, y es que tampoco en este caso hay NADA que aprender, y hay en cambio TODO que recordar. La mujer enraizada en la propia raíz de Ma es arquetípica, mítica y ancestral, y ES en tiempo real, paralelo, presente y futuro. Todo al mismo tiempo.

Es amor propio

Solo que, para evitar las miradas de recelo que las palabras *amor propio* evocan a menudo, llamémoslo *tú en profunda y deliciosa relación con tu cuerpo.*

Tú, con la más profunda compasión hacia ti misma, tu cuerpo y tu experiencia, en un viaje de retorno a tu verdadera naturaleza para realinearte con quien realmente eres.

Tú reconociendo y admitiendo cuáles son tus necesidades, deseos y anhelos desde ESE lugar.

Tú asumiendo la fiera responsabilidad de colmar esas necesidades, anhelos y deseos mediante la sabiduría e inteligencia de tu cuerpo, sin vergüenza, culpa ni pudor.

Es liberación

Redescubrir que eres fuente de energía primordial y magia te desengancha del incesante impulso de buscar con ansiedad y esforzarte –del «¿y ahora qué?», del miedo al miedo y de la creencia condicionada de que tienes que ser «buena»– y te permite crear en ti una cámara elástica y permeable en la que eres *tú* la que pones los límites; la que eliges en qué crees y qué quieres que guíe tus pasos; la que decides llenarte hasta el borde, nutrirte, cultivar tu energía y recordar tu magia: la magia y la sabiduría magnéticas que laten en lo más profundo de cada célula esperando a manifestarse a través de ti y para ti.

Es *TU* magia

Redescubrir que eres fuente de la energía primordial de Ma es despertar a tu magia femenina innata, al poder de tu presencia, a tu fuerza creativa y a la inteligencia cíclica y rítmica de tu cuerpo, de la Tierra y del cosmos para, en conjunción con ellos, crear, regenerar, confiar, sanar y crecer.

No es una fórmula, es una frecuencia. TU frecuencia, tuya y solo tuya.

NOTA: NO estoy aquí para enseñarte nada de esto. Mi intención es *siempre* y sencillamente compartir mi visión y mis percepciones y ser una guía que apoye TU remembranza.*

Es el momento de la Rendición Total

Desde que escribí *Bruja* (el libro en el que presenté a la Hechicera como arquetipo de la imponente fuerza femenina) –y como no podía ser menos

---

* N. de la T.: Cuando la autora habla de «recordar» (*re-member*), no lo hace en el sentido de rememorar con el intelecto, sino de «re-membrar», de recuperar visceralmente los *miembros* dispersos, de reunir lo *desmembrado*.

cuando se es alguien que vive en la dimensión mitológica y el misterio de *todas* las cosas–, he tenido mi propia iniciación con ELLA, la Fuente. Por eso aquí, voy a llamarla Maga. Más radical: no la que hace magia, sino la que ES magia.

Y algo que ahora SÉ es que, si en un libro titulado *Bruja* declaras a la Fuente «perdamos la compostura», ten por seguro que ELLA, con toooodo el amor más fiero, se valdrá de *cualquier* medio que sea necesario para que, en efecto, *la pierdas*. Y que te encontrarás de pronto en la oscuridad, el caos y lo desconocido, cara a cara con partes de ti que..., en fin, no te gustan demasiado. (O que hasta ahora habías intentado ignorar *con todas tus fuerzas*).

Viejos cuentos y condicionamientos que existen enterrados en lo más profundo de nuestra psique: todo el repertorio de falsedades sobre nuestro cuerpo, nuestra sangre menstrual y quiénes somos. El encantamiento social que nos sigue teniendo entregadas a ser «la niña buena». Y los miedos... ¡Diosa del Amor Hermoso, los miedos! El miedo a las repercusiones de llamar demasiado la atención o a ocupar demasiado espacio; el miedo a que todos nos abandonen por atrevernos a brillar; el miedo a que se nos «castigue» por experimentar deseo, sensualidad y placer.

Sí, cuando dices en voz alta, como hice yo, que «como brujas, bebemos de nuestra Fuente, creamos rituales y celebramos nuestro cuerpo para que, en presencia de nuestra completud, también las demás mujeres se recuerden a sí mismas», ten la absoluta seguridad de que ELLA ha oído cada palabra tuya y te dará una patada en el culo o te quitará de un guantazo las tonterías para que hagas exactamente *eso* que has dicho.

Pero antes, tiene que haber una rendición. Tienes que rendirte al dolor, rendir los traumas. Rendir todos los cuentos sobre quién eres, que ni son ni serán nunca verdad. Y como la serpiente que está presente en todas las leyendas de mujeres poderosas y temibles (bueno, al menos en las que yo elijo leer y contar), mudar la piel. Con audacia. Dejar que se te desprendan la piel y la carne enteras. Hasta quedarte en los huesos.

En los huesos

Mi abuela solía decir: «Lo sé en los huesos», y nadie le llevaba la contraria. Porque cuando decía que sabía, lo SABÍA, y eso lo significa *todo*; si decía que en los huesos, era en los huesos. Mi abuela, a la que quizá conozcas por cosas que he contado de ella en libros anteriores, era en mi vida una versión en carne y hueso de la Loba* (mujer mítica de la cultura pueblo),** la «bruja» que vivía al margen de la sociedad y recogía los huesos de los muertos.

La Loba cantaba sobre los huesos, que, mientras ella entonaba su himno, empezaban a soldarse entre sí. Se cubrían luego de carne y pelo y, al final, se formaba un lobo, que salía corriendo hasta perderse en la naturaleza salvaje. Pero los huesos que recogía mi abuela eran huesos de animales para hacer caldo, un caldo que tengo la sensación de que estuvo hirviendo al fuego durante toda mi infancia (probablemente porque fue así). Cantaba canciones populares irlandesas sobre el caldo mientras lo removía, para asegurarse de que lo que comíamos estuviera infundido de buenas intenciones. (Yo lo sigo haciendo siempre que cocino, para mí y para mis invitados).

¿Por qué es importante que te quedes en los huesos? Pues porque cuando rendimos ante la vida todo lo que creemos saber –cuando nos desprendemos de todo, capa a capa, hasta el hueso, hasta la médula ósea, de la se hace la sangre–, llegamos a la parte más profunda y resonante de nuestro ser. Y es aquí donde podemos saber dónde estamos y orientarnos (hasta en la oscuridad, o especialmente en la oscuridad) y podemos también, con intención, cantar (y bailar y tocar el tambor) para recuperar nuestra naturaleza salvaje. Nuestra naturaleza primigenia e instintiva, que existe debajo de todo lo que creemos ser. Nuestra naturaleza real y verdadera. Nuestra fuente de magia.

Aterrizamos así en el poder de la Tierra; aterrizamos en nuestro cuerpo, aterrizamos en Mamá Tierra. Nuestros huesos resuenan, juntos, y estamos firmemente establecidas, enraizadas en este tiempo y este espacio. El aquí y ahora. Presentes a nuestra presencia.

¿Y qué pasa cuando estamos profundamente conectadas a la Tierra, oscura, rica y fértil? Que *entonces* tenemos capacidad. E l a a a á s t i c a

---

* N. de la T.: En castellano en el original.
** N. de la T.: La nación indígena pueblo, asentada sobre todo en el estado de Nuevo México, tiene una historia ininterrumpida de unos mil años y más de dos mil años de antigüedad.

capacidad para permanecer conectadas a la fuerza magnética primordial de Mamá Tierra a través de nuestro cuerpo y para dejar que nuestro cuerpo –más concretamente, nuestro cuenco pélvico, nuestro centro– sea receptáculo, contenedor sagrado que nos abra a la inmensidad de todo «lo que es», simultáneamente: a *todo* al mismo tiempo.

Sí, entonces recuerdas que eres...

Una expresión de vida gloriosamente cíclica, rítmica, primigenia, instintiva, magnética, sensible a sí misma, conectada a la Tierra *como* Tierra a través de tu cuerpo.

Conectada a la divinidad *como* divinidad *a través de* tu cuerpo.

Conectada al cosmos *como* cosmos *a través de* tu cuerpo.

Recuerdas a Ma. La Gran Ma. Recuerdas que tienes acceso a los miles de millones de años de sanación y sabiduría de Ma EN tu cuerpo.

D e s p a a a c i o y con fiero amor, cantas de nuevo tu canto salvaje, revelas lo que es real y recuerdas tu magia.

La capacidad la creas tú

La capacidad para metabolizar y transmutar, para recalibrar y regenerar.

La capacidad de reconocer, de confiar y de autorregular tu sistema nervioso. Y de sentirte auténticamente bien estando EN.TU.CUERPO.

La capacidad de detectar y localizar tus necesidades más profundas y verdaderas. De *percibirlo* todo. De olfatearlo, rastrearlo, mapearlo, saborearlo, sentirlo, oírlo, presenciarlo y experimentarlo Todo. Todas.Las.Cosas. (Dichas y no dichas, vistas y no vistas).

La capacidad de asumir fiera responsabilidad por ti misma, de discernir y actuar en consecuencia.

La capacidad de elegir. (Y de cambiar de opinión).

La capacidad de experimentar placer y alegría.

La capacidad de ser tu propia fuente de poder, autoridad y fuerza vital.

SÉ la maga enraizada en la Magia

Mira, no te voy a engañar, el «proceso» de redescubrir tu magia *puede* ser retorcido. Y también *alucinantemente* grandioso. Es lo que pasa cuando vivimos en la plenitud de la posibilidad. Esa es la más potente de las medicinas: las paradojas que se despliegan sin fin y que nos liberan de nuestra a menudo pegajosa necesidad de controlarlo Todo. TODAS.LAS.COSAS. La medicina que nos libera de la necesidad de estar «seguras» y «tener razón».

Para que, con la más fiera compasión, seamos capaces de reclamar a Lilith. De reclamar a María Magdalena. De reclamar a TODAS las mujeres que, a lo largo del tiempo y el espacio, fueron desterradas, quemadas, ahogadas, difamadas, avergonzadas, tachadas de locas e histéricas y castigadas por lo que eran y por lo que sabían.

Para que, con energía, poder y reverencia, seamos capaces de retornar. De retornarlo TODO a casa. A ellas, a nosotras, a nuestro cuerpo. A la Tierra.

Para que seamos capaces de encarnar plenamente a la arquetípica maga, mítica Y muy real:

ELLA, que está embrujada Y es peligrosa y NO tiene miedo a la oscuridad.

ELLA, que confía en sí misma, en su visión interior, en la sabiduría que habita en sus huesos.

ELLA, que se cuida, se nutre, se sostiene con firmeza y se autorregula.

ELLA, que honra y sacia su hambre, sus necesidades, deseos y anhelos sin culpa, vergüenza ni titubeos.

ELLA, que hace magia y practica la medicina. Posiblemente la de pócimas, pero *indudablemente* la de la metabolización elemental y alquímica de TODAS las cosas *a través del* cuerpo.

ELLA, que es capaz de acoger en su seno las múltiples posibilidades, experiencias y efectos de nuestro viaje de descubrimiento, liberación, creación y prosperidad en este planeta. TODO AL MISMO TIEMPO.

Si *Bruja* fue la llamada, *La magia eres tú* es la respuesta.

Es nutrición y regeneración celulares para toda mujer que quiera manifestar a la maga que es.

Es la capacidad de metabolizar, transmutar, llorar la muerte de Lo Que Ha Sido, y de cocrear, íntegramente-alineada-con-la-Divinidad, Lo Que Viene Ahora.

Es una sintonización e integración plenas y profundas.

Es magia y es real. (Porque la magia ES real).

Es creatividad femenina. Es una danza con la Divinidad.

Es un poquito cosa de ciencia (si quieres que lo sea) y una experiencia plena e intensamente vivida y sentida.

Es un reconocimiento del trauma y el dolor resultantes de la programación vigente en Estos Tiempos.

Y un reconocimiento cada vez más fieramente claro de que, cuando vivimos de verdad dentro de nuestra piel como un ser completo, tenemos en nuestro cuerpo la autoridad, la sabiduría y el poder de acción que nos da el haber retornado a Ma, nuestra energía primordial; el habernos reconectado con la inteligencia de sus mapas cíclicos; el haber regresado a la naturaleza y a nuestra propia naturaleza real y verdadera (de tipas sagaces y alquimistas y sabias y brujas) para abrazar, simultáneamente, el placer y el dolor de esta experiencia de vida y hacer la magia y la medicina tan necesarias en Estos Tiempos: para nosotras, nuestras hermanas y la colectividad.

La magia eres tú, plenamente energizada por la fuente, nutrida, plenamente saciada, con la mirada puesta en la vida (a la vez que con un conocimiento íntimo de la muerte), guiada por tu sabiduría oracular –tu visión interior y tu gnosis– y confiando en la revelación sin fin de ser en tu cuerpo y vivir tu ritmo.

Sobre este libro

Este libro es un caldero alquímico.

Un potente receptáculo situado en el espacio que hay entre mi experiencia y la tuya. Mientras escribo y tú lees, haremos medicina. Juntas.

Entiende lo que comparto en él como una invitación: posibilidades y oportunidades de vivir, recordar y experimentar lo que es para TI redescubrir tu magia. (Te diré que, en el espacio en blanco entre cada línea y la siguiente, he susurrado conjuros de amor y magia dedicados a ti. Para recibirlos, basta con que te pongas la mano en el corazón mientras lees).

Tal vez te reconozcas en los relatos que comparto aquí contigo y en los sentimientos que expreso. O tal vez no. Tal vez una determinada frase o una referencia a una diosa o un concepto concretos despierten tu interés. O tal vez no. Estupendo. Porque mi papel como guía no es decirte *qué* hacer y *cómo* hacerlo, sino encontrarme contigo EXACTAMENTE donde estás y (dado que el espacio es gracia) crear un espacio auspicioso para que TU magia la recuerdes TÚ.

Una de las ventajas de ser la creadora de este particular tejido de palabras es que puedo compartir a través de la lente de mi propia experiencia vivida. Soy una mujer que da perpetuamente a luz más y más de su ser «real». Una mujer que vive cíclicamente. Una mujer que ha redescubierto, y sigue descubriendo cada día, una magia en la que puede confiar: *su* cuerpo.

Cuando hago referencia a la fuente Divina, suelo llamarla ELLA. Hablo MUCHO de úteros, menstruaciones y orgasmos. Principalmente porque los tengo (útero también, aunque en cierto momento de mi vida un médico con bata blanca me amenazó textualmente con «quitármelo»), y por eso los quiero honrar y celebrar.

Pero independientemente de dónde estés situada en el glorioso espectro de ser humana –tengas útero o no, menstrúes o no–, *todo* lo que comparto en estas páginas se lo ofrezco, con amor, a TODA aquella persona que tenga interés en profundizar en su relación con una experiencia viva, cíclica y encarnada (en su cuerpo).

Nuestras experiencias SERÁN distintas, pero recordar nuestra magia juntas, y compartir unas con otras nuestras experiencias y vivencias, las convierte en un tejido de frecuencias antiguas-futuras, una nueva mitología en la que creer TODAS mientras actualizamos los paradigmas, para que incluyan el cuidado a nosotras mismas, de unas a otras y a la colectividad.

Inmersión

Como todos los libros que escribo, este está concebido para que puedas leerlo como una obra completa e independiente. Sin embargo, *La magia eres tú* es a la vez un compañero de profundización para todos mis libros anteriores, que son el tejido fundamental, la tela de araña, que sostendrá la magia y la medicina que comparto aquí contigo.

Puedes leerlo de un tirón, despacio, mientras saboreas a pequeños sorbos tu bebida favorita, o puedes utilizarlo como un oráculo: haz una pregunta y abre el libro al azar, y deja que las palabras de la página te den claridad e inspiración. Tú decides. Te invito también a que vuelvas repetidamente al libro una vez que lo hayas terminado de leer, porque, como las reinas del *burlesque* –piensa en Immodesty Blaize y Perle Noire (mis dos bailarinas preferidas)–, es pura provocación, y cada vez que vuelvas a él te revelará *siempre* un poquito más. *Guiño.*

El libro está organizado en tres secciones medicinales (porque el tres *es* el número mágico):

Primera parte: Conecta con tus sentidos, desenredándote del encantamiento social y reclamando tu cuerpo, en concreto tu cuenco pélvico, como terreno sagrado.
Segunda parte: Confía en tus instintos, sintonizando contigo misma y depositando tu confianza en la sabiduría innata de tu cuerpo: en su capacidad

natural para conectar con la Fuente y empaparse de su magnética energía primordial.

Tercera parte: Conecta con tu propia fuente, mapas cíclicos y rítmicos y medicina al servicio de la maga que eres, para que ya no te contentes con sobrevivir, sino que crezcas y te expandas (y florezcas, nutrida de raíz, directamente de la Fuente).

Dentro de cada sección medicinal, encontrarás las siguientes herramientas:

Prácticas de IN.YOUR.BODY.MENT®

Yo soy una «ceremonialista», así que ME ENCANTAN los rituales. Pero quiero que entiendas que TODOS Y CADA UNO de los que propongo en este libro –de hecho, *todas* las prácticas– son solo una *invitación*.

Forman parte de un proceso al que llamo IN.YOUR.BODY.MENT®: una fortificante y particular mezcla de prácticas de movimiento, danza, respiración y sonido que he creado y seleccionado para apoyar y alimentar tu magia a través de la inteligencia rítmica de tu cuerpo en conexión con la naturaleza y el cosmos.

Entiéndelas como formas de conectar, puntos de referencia, oportunidades en el espacio y el tiempo para sentir y percibir la energía mágica de la Fuente EN.TU.CUERPO, para anclarte en lo que has experimentado y honrar, venerar y tener presente el carácter sagrado del proceso en el que te encuentras.

Puedes modificarlas, añadirles tu propio jugo, tus palabras y tu magia. (Si alguna vez te presento alguna práctica que crea que no conviene modificar –quizá un movimiento o una respiración que podrían ser contraproducentes si no se practican de la manera indicada o algo transmitido en mi linaje de generación en generación y que es supersagrado y con lo que más vale no hacer tonterías–, te lo haré saber, ¿de acuerdo? Mientras no diga nada, puedes cambiar las prácticas todo lo que quieras, bella flor).

Sugerencias para tu diario

Las preguntas que te hago en este libro como posibles puntos de partida para tu diario son *más* que preguntas. Si se lo permites, pueden actuar además como estímulos psíquicos, ser una oportunidad para *quitarte de en medio*, parar de «pensar» y dejarte caer dentro, hacia abajo, hacia el INTE-RIOR de tu cuerpo, y dejar que tu corazón y tu cuenco pélvico te exploren, te examinen con curiosidad por saber quién eres. Porque...

Autodescubrimiento = autoconocimiento

Autoconocimiento = poder personal

Riffs de ELLA

Los *riffs* de ELLA son juegos de palabras, oraculares y devocionales, nacidos directamente de la Fuente, conjurados en el vientre de la pitonisa y compartidos *a través* de mí. Están intercalados, con amor, en estas páginas para inspirarte a ceder el control. Deja que te ayuden a sumergirte más profundamente en el caldero alquímico de tu intención y tu sabiduría.

Una pequeña ayuda

Desde que era muy pequeña, mi abuela me hablaba de las propiedades de las hierbas y otras plantas, de su poder calmante y fortalecedor. Las miróforas (en los templos de la antigüedad, las sacerdotisas que se encargaban expresamente del trabajo con aceites y perfumes sagrados) e Hildegard von Bingen (una mística y visionaria medieval que trabajaba íntimamente con la magia y la medicina de las plantas) son la inspiración y las mentoras de mi práctica de la medicina herbaria, y entre ellas y yo conjuramos aceites de unción, tinturas, tisanas y combinaciones de hierbas. Comparto algunas recetas en el libro para apoyar tu trabajo de maga.

NOTA: A la hora de trabajar con plantas y aceites esenciales, te ruego que lo hagas con la máxima responsabilidad. NADA de lo que comparto aquí debe utilizarse como sustituto del asesoramiento médico ni para diagnosticar y tratar enfermedades o dolencias graves. Si estás embarazada o tienes alguna alergia, por favor comprueba y vuelve a comprobar con qué hierbas puedes trabajar y con cuáles no.

TÚ: conectada a tu propia fuente

Estos pequeños resúmenes infundidos de amor son recordatorios de que la medicina y la magia que he compartido en el libro tienen el solo propósito de apoyarte como maga.

Ceremonia de apertura - Suéltate para recibir

Sí, esa percusión rítmica que oyes es el sonido de mi tambor –el que utilizo en *todo* círculo presencial y virtual– invitándote a reunirte aquí conmigo, en este espacio y tiempo, y a abrirte a la posibilidad de que lo que comparto en estas páginas sea una transmisión de amor que permita que lo salvaje, lo mágico y lo real se te revele, y se revele en ti y a través de ti.

Pausa.

Quédate así un momento.

Ponte una mano en el corazón y conecta con tu respiración, siéntela ascender y descender, y deja que el cuerpo se distienda.

Déjate suavizar.

Déjate dulcificar y estate abierta a recibir.

Siente a Mamá Tierra bajo tu cuerpo.

ELLA te sostiene. ELLA es capaz de sostenerte. ELLA es capaz de sostenerlo todo. Lo sostiene todo.

ELLA es Ma. Mamá. ELLA.

Creadora.

Fuerza primordial.

Fuente Divina.

ELLA es tú y tú eres ELLA.

Pausa.

Quédate así. Con ELLA.

Deja que la reverberación del sonido «Ma» vibre a través de tu ser mientras te invito a estar abierta a recibir: a percibir este libro como una carta de amor, una profunda reverencia, una activación, un conjuro, una ceremonia del fuego, de amor y devoción directos desde el espacio intermedio.

Un espacio y lugar que está entre los tiempos.

El espacio entre Lo Que Ha Sido y Lo Que Viene Ahora.

Un lugar de NO objetos, por lo cual TODO es posible.

Creación. Potencial. Sabiduría. Iniciación.

Porque es aquí, en el espacio intermedio, donde se forja la más plenamente viva y plenamente sentida experiencia salvaje y sensorial de ser humana, de ser mujer, de ser una maga enraizada en la Fuente de magia (con marcado énfasis en la palabra *Fuente*).

ELLA, reconectada consigo misma, que se deja guiar por sus sentidos. Curiosa, infinitamente inquisitiva y presente a la fascinante vitalidad de sentir, experimentar, metabolizar y transmutar todo lo que está EN su cuerpo A TRAVÉS de su cuerpo.

ELLA, que reconoce que se ha insensibilizado, disociado y distraído a causa de los traumas y el miedo –sociales, familiares...– De. Toda. Clase. ELLA *sabe* que fue un acto de supervivencia y lentamente, con amor, se libera de los grilletes del remordimiento, la vergüenza y la culpa. Desentraña sus misterios íntimos, confía en sus instintos y se convierte en un mito viviente.

ELLA, que está divinamente conectada a la Fuente como fuente y recuerda en lo más profundo de su vientre y de sus huesos la magia de su cuerpo, de la Tierra y el cosmos.

Soñar realidad: la esencia de estas palabras –mediante la exploración, la expresión artística, la maestría y la devoción– es a lo que llamo Redescubrir la Magia que Eres: hacer la magia y aplicar la medicina tan necesarias en Estos Tiempos. Y adentrarte y sumergirte en este arte femenino significa que te importen menos los hechos y m u u u c h o más los sentimientos. Porque sentir es sanar, y sanar es revelar. Es el arte de sentirse bien.

Es dejar que tu curiosidad sensorial te revele mapas internos y externos expresamente tuyos, directos de la fuente, que te proporcionen pistas e indicios y te ayuden a recordar que estás viva y que mereces no solo existir, sino prosperar. Prosperar y florecer porque SABES lo que es que tus raíces se nutran de la poderosa energía de la Fuente. Directa de la fuente. Porque tú ERES la fuente.

Por supuesto, posiblemente no sepas ni recuerdes nada de esto con la mente consciente. Tu ser, hecho de polvo de estrellas, adopta forma humana y es muy fácil olvidarlo todo, dejar que el encantamiento social te distraiga de enraizarte y recalibrarte y reconectarte con tu brújula interior, tu verdadero norte: la Fuente.

Pero ese es precisamente el propósito de *La magia eres tú* y de todos los libros que escribo: mirar bajo la superficie de todo lo que nos han contado y vendido sobre quiénes deberíamos ser. Para ayudarte a recordar quién eres *realmente* y qué es lo que ya *sabes*, en lo más profundo del vientre de la pitonisa, de tu naturaleza sensual e instintiva.

Tu naturaleza indómita.

Tu Tuidad. Tu potente medicina y tu poderosa magia.

Es lo que el mundo más necesita en este momento.

Pero esto ya lo sabes, claro. Por eso estás aquí.

Seguro que serías la primera en admitir que en el pasado has comido, a veces casi hasta reventar, en el *buffet* espiritual del bienestar y la nueva era; quiero decir, ¿no lo hemos hecho todas? Y, sin embargo, *seguimos* con hambre, un hambre voraz, un deseo imperioso que espera a ser saciado. Una necesidad y anhelo de...

Retorno: de recuperar y recordar tu saber directo.

El saber oracular y claro que es instintivo y se siente en el cuerpo: tu cuerpo animal.

Porque estos tiempos insólitamente salvajes nos exigen, más que nunca, retornar a nuestra naturaleza salvaje; retornar, con más de cinco mil años de retraso, a nuestra santa y verdadera naturaleza de fiero amor a la madre. La fuente que somos.

Y sí, suena peligroso. Nos han hecho vivir con miedo de nuestro cuerpo, nuestro poder y nuestra magia desde hace m u u u c h o tiempo. Y sí, estás agotada, exhausta. Nos han hecho competir y vivir en guerra con nosotras mismas y entre nosotras desde hace m u u u c h o tiempo. Y sí, el panorama se presenta oscuro, caótico, desconocido, y nos han hecho tenerle miedo a lo oscuro, lo caótico y lo desconocido desde hace m u u u cho tiempo.

Y a pesar de todo... estás aquí. Dale las gracias a la Diosa por ESO.

Así que, señorita maga, ¿estás lista?

¿Lista para conectar con tus sentidos, confiar en tus instintos y recordar tu propia fuente?

Vuelve a dirigir la atención al suelo que hay bajo tus pies y luego ve subiendo lentamente por tu cuerpo, desde los dedos de los pies hasta la coronilla, haciéndole un breve guiño de reconocimiento y amor a cada parte del cuerpo al llegar a ella, con una caricia, un leve golpecito, un suave contacto si quieres. Cuando llegues a la cabeza, inhala profundamente y, al exhalar, hazte una pequeña reverencia de reconocimiento por estar viva y presente en estos tiempos insólitamente salvajes.

Eres *tu propia* fuente.

PRIMERA PARTE

Conecta con tus sentidos

*Oye tu canto de sirena, responde
con tu instinto salvaje y
revela lo que es real.*

Debajo de todo

¿Qué hay debajo de las máscaras que te pones, de las definiciones de ti con las que te identificas (de creación tuya o ajena), de las tropecientas versiones de ti que consciente o inconscientemente has creado para navegar, sin naufragar, las aguas de un mundo en el que te sientes presionada a demostrar constantemente quién eres y lo que vales?

¿Qué hay debajo de ESO? Debajo de los cuentos que te han contado y vendido. Debajo de la programación social. Debajo de la idea de que debes conformarte con sobrevivir y con sentirte segura.

Entiéndeme, no hay NADA de malo en querer sobrevivir y sentirnos seguras y gozar de la aprobación de los demás. Es solo que, a muchas, las normas de la cultura moderna nos han reducido drásticamente la capacidad innata de soñar, crear y «ver». Vivir en este mundo digitalizado, con la mirada puesta a cada momento en una pantalla, ha reducido literalmente nuestra visión al tamaño de un pequeño artilugio tecnológico.

Y la incapacidad para ver más allá de la pantalla –la incapacidad para mirar a la gente a los ojos, para estar presentes (y que se nos vea y el mundo perciba nuestra presencia); la incapacidad para saborear la comida que comemos, para sentir todas nuestras emociones, para confiar en *nuestro* saber (en lugar de en la información con la que nos bombardean, que a menudo nos acaba haciendo elegir una forma de experimentar la vida que es la que a la sociedad le conviene, pero tenemos miedo a que nos llamen la atención, o a no encajar, o a oír que estamos «equivocadas»); la incapacidad para contemplar las cosas con objetividad y hacer uso del discernimiento–, toda esta incapacidad tiene como resultado que muy pocas sepamos realmente, en el fondo, quiénes somos.

A veces, desde alguna cuenta de una red social, en medio de exqui-
sitas ilustraciones, se nos dice que «escuchemos a nuestra naturaleza salvaje», que «corramos con los lobos», que «en nuestra naturaleza salvaje
hay sabiduría» (y la HAY, la hay DE VERDAD), y sin embargo muy pocas nos
atrevemos a vivir REALMENTE nuestra vida de esa manera. (O sabríamos
siquiera por dónde empezar).

Revela lo que es real

Cuando escribí *Bruja*, tenía muy claras cuáles eran mis intenciones. No quería que las lectoras pensaran que tenían que *hacer* algo o *ser* de una determinada manera para «despertar a la bruja». Solo quería orientarlas y animar-
las a encontrar su propio camino, a explorar, a iniciarse en su propio poder.
Sin embargo, una de las preguntas urgentes que recibí como respuesta fue:
«*He despertado; ¿y ahora qué?*».

Y es una pregunta válida, en un mundo en el que vivimos como hipno-
tizadas por la sociedad. En un mundo en el que se nos ha programado para
que obedezcamos, para que ignoremos lo que «sabemos» y hagamos las
cosas de la manera «correcta» (que normalmente significa de acuerdo con la
cultura dominante, la *sobrecultura* [*overculture*] como la llamó Clarissa Pinko-
la Estés en 2015: las normas sociales tácitas o explícitas que en cada momento imperan sobre las demás); en el que se nos ha programado para que
dudemos de nosotras mismas y, por el contrario, confiemos en un plan sim-
plista de cinco pasos que nos dice cómo hacer..., bueno, prácticamente todo.

Todo, excepto cómo conectar con nuestra inteligencia natural, sensorial, instintiva que está debajo de todo lo demás, cómo alimentarla y encar-
narla. Nuestra verdadera naturaleza. Nuestra naturaleza salvaje.

**No puedes encarnar tu naturaleza salvaje siguiendo un plan de cinco
pasos.** (Aunque estoy segura de que algunas lo intentarán). ¡Hasta encontrar las palabras para hablar de ella en estas páginas me está resultando en-
demoniadamente difícil!, porque también las palabras son con frecuencia
un constructo cuya intención es dar sentido lógico a lo inefable.

Es inútil tratar de encontrarle la lógica:
lo femenino –y todo lo que es–
hay que SENTIRLO.

Hay cosas que no se pueden explicar intelectualmente, ni lo deberíamos intentar. (Aunque bajo el prisma del actual encantamiento social se considere que, si algo no se puede explicar intelectualmente, es que no es real, auténtico o de ningún valor, ¿no? *Guiño*).

La buena noticia es que tu naturaleza salvaje *está* siempre a tu disposición, esperándote. Está EN tu cuerpo. (Pero recuerda que también el cuerpo ha estado sometido a los dictados de la *sobrecultura*: come esto, ponte aquello, corta un poco aquí, mete un poco allá. Nos han enseñado lo que tenemos que pensar de él y qué conductas puede y no puede manifestar: cuáles son encantadoras y aceptables, y cuáles son impúdicas, escandalosas, impropias de una señorita o, sencillamente, INADMISIBLES).

Se nos dice que la «corporeidad» —tomar conciencia del cuerpo, de las sensaciones corporales, de su inteligencia natural— es la manera de ENTRAR en el cuerpo; y en su mayor parte, lo es. Pero DEBIDO a que el encantamiento social es *tan* fuerte, muchas pensamos que la corporeidad es *otra cosa más* que tenemos que «consumir» o «conseguir» o «ejercitar» para que «funcione» y para «hacerlo de verdad», en lugar de dejar que nuestro sistema sensorial nos guíe.

Pero será MUY difícil que confiemos en nuestro sistema sensorial como guía si nos creemos todo lo que la sociedad nos dice, en lugar de creer en lo que percibimos y en lo que s e n t i i i m o s. Porque sentir los sentimientos..., en fin, no siempre parece que sea la opción más segura. Porque sentir los sentimientos significaría confiar en la inteligencia natural de nuestro cuerpo, y para muchas de nosotras «natural» es sinónimo de «salvaje», y la idea de lo salvaje que nos han vendido está asociada con la pérdida de control, la barbarie, lo incivilizado y lo peligroso. Así que, principalmente, nuestro cuerpo y su inteligencia natural nos dan terror.

¡Respiremos hondo, ¿vale?!

Vive las preguntas

Si no nos atrevemos a mirar debajo de todas las identidades y definiciones que hemos adquirido, si no nos atrevemos a confiar en la inteligencia natural del cuerpo para conocer nuestro yo real, salvaje, la raíz de quien somos (porque nos han contado e inculcado que es demasiado peligroso confiar en nosotras mismas y en lo que hay debajo de todas las apariencias), ¿cómo podemos estar de verdad presentes y vivir PLENAMENTE nuestra vida?

- ¿Cómo podemos ser tierra fértil en la que echar unas raíces fuertes que nos hagan muuucho más resistentes a los inevitables desafíos que vendrán?
- ¿Cómo vamos a tener la capacidad para acoger el poder y las partes de nosotras que estamos clamando y reclamando en nuestro camino hacia la completud?
- ¿Cómo vamos a «dejar al delicado animal de tu cuerpo amar lo que ame», como expresó tan bellamente la escritora y poeta Mary Oliver en su poema «Gansos salvajes»?

Estas preguntas viven permanentemente en el centro de mi vientre, y te invito a que también tú las dejes habitar en el centro del tuyo, porque no podemos saber lo que de verdad significa ser nosotras mismas, vivir enraizadas en nuestros instintos y expresar nuestra sabiduría cíclica, hasta reconocer todas las distintas maneras en que se nos ha condicionado para que NO lo hagamos.

No podemos reconectarnos con la inteligencia natural del cuerpo si no lo sentimos responder al ritmo vibracional, el magnetismo y la frecuencia de Mamá Naturaleza y el cosmos.

No podemos desenredarnos y
librarnos del encantamiento
y el condicionamiento sociales hasta comprender que
NO ESTAMOS SEPARADAS de la vida:
SOMOS la vida.

Somos parte de un proceso vivo que es su propia fuente, que es inmensamente mayor que nosotras y que, sin embargo, alimenta íntimamente nuestros sueños y visiones para que podamos crear e innovar.

Y ASÍ es como empezamos a navegar un mundo que no está configurado a nuestro favor: ponemos la atención en crear uno diferente. Nos tomamos el tiempo necesario para desmantelar los sistemas y estructuras internos que hemos aceptado e incorporado en nombre de la «seguridad», y entonces podemos reconectarnos con lo que es real, con la inteligencia natural de nuestro cuerpo –nuestra intuición y sabiduría ancestrales-futuras– y confiar en nosotras mismas como Magas, para crear desde la fuente, como fuente, una posibilidad enteramente nueva.

Cuestiona TODO lo
que te han contado
y vendido.

Oigo su llamada

Como la escritora Anaïs Nin, más de una vez he dicho «Debo de ser sirena... [porque] no tengo miedo a las profundidades, y sí un gran miedo a la vida superficial». Básicamente, siento que soy como la princesa sirena Ariel de la película de Disney de 1989 *La sirenita*. (Solo que, a diferencia de Ariel, no suelo tener demasiadas ganas de «estar donde está la gente». Soy escorpio, y las charlas triviales no son ni serán nunca lo mío). Por eso, para ver lo que había debajo de todos los cuentos que me habían contado y vendido sobre quién era, apelé a las sirenas del mar.

En el folclore europeo, una sirena es una ninfa marina con busto de mujer y cuerpo de pez cuya «llamada» es irresistiblemente seductora pero, en última instancia, resulta dañina o peligrosa para quienes se sienten atraídos por ella. Porque sucumbir al canto de una sirena es, en definitiva, sucumbir a la naturaleza salvaje de ELLA.

Más fascinante aún para mi alma curiosa fue descubrir, gracias a una de mis escritoras favoritas, Kathleen McGowan, que en *La sirenita* se hace referencia a María Magdalena, la mujer «peligrosa» por excelencia. Sí, escondida entre los tesoros submarinos de Ariel hay una representación del cuadro *Magdalena con dos velas*, del pintor francés Georges de La Tour.

Bien, son muchos los que han aventurado posibles interpretaciones de esta alusión, pero personalmente creo que es un guiño a que, como Magdalena, Ariel tiene que soportar las restricciones impuestas por la sobrecultura, y el castigo y la represión por desear tener más.

Algo pasa con Mary* (Magdalena)

Tuve mi primera conexión con María Magdalena (MM) a raíz de conectar con mi propio ciclo menstrual. Mientras escribía *Code Red* [Código rojo], profundicé aún más en todo lo que significa, y ahora tengo una conexión de por vida con ella: como mujer, como conciencia, como maestra, como alquimista, como portal de ENTRADA a mi propia maestría de los misterios.

Cuanto más profunda era mi conexión con MM, más me enfurecía que, para la mayoría de las mujeres, el ciclo menstrual hubiera sido una realidad cargada de vergüenza que debía mantenerse oculta (lo mismo que tantas otras cosas que se relegaron a la oscuridad catalogadas como tabú; por ejemplo, el sexo, el placer, el dinero, el poder femenino). Porque también la figura de MM –guardiana de los misterios de la sangre, el sexo y la magia, la mujer «escarlata» (cuando cree mi propia gama de maquillaje, lo primero que voy a hacer va a ser un esmalte de uñas y pintalabios a juego de color «rojo Magdalena»: *rojo sangre, obviamente)*– había estado cargada de vergüenza y la verdad sobre ella se había mantenido oculta.

Mi rabia y mi frustración eran *su* rabia y su frustración. Porque la verdad sobre ella NO es ese cuento que nos han contado. La Iglesia cristiana primitiva despojó a MM de sus poderes sagrados de sacerdotisa y la presentó como una «prostituta» y una «infame pecadora», y de este modo, nos despojó a *todas* de nuestros poderes.

NOTA: Muchas me preguntáis cómo conectar con María Magdalena, hacerle peticiones, rezarle, y cuál es mi interpretación personal de ella. Pero lo más importante, en definitiva, ya se trate de MM o de cualquiera de las diosas y mujeres míticas de las que hablo en el libro, es la interpretación que hagas TÚ de ella o de ellas. La relación que establezcas TÚ con ella o con ellas.

Más allá de mi experiencia, de lo que ha significado para *mí* estudiar en profundidad a MM –una exploración que me ha llevado por *todo* el mundo–, lo que sé con absoluta certeza es que hay memoria, transmisión y legado esperándote siempre cuando entras en lo que la escritora Sara Beak llama «una relación al rojo vivo y sagrada» con ella.

---

* N. de la T.: Alusión al título de la película *Algo pasa con Mary*, de 1998, de Bobby y Peter Farrelly y protagonizada por Cameron Diaz, Matt Dillon, Ben Stiller, Lee Evans y Chris Elliott.

Atrévete a entrar. Te desafío. Estoy deseando que me cuentes lo que descubras.

¿Oyes el canto de sirena que te llama?

Así que, si el retrato de María Magdalena que aparece en *La sirenita* es un guiño a que a Ariel se la castigue por querer ser más *quien realmente es* (por debajo de todo) y por atreverse a oír su canto de sirena, ¿es posible que *todas* estemos ignorando o dando la espalda a nuestro propio canto de sirena –la seductora llamada de nuestra pasión, placer y alegría– porque nos han hecho creer que es peligroso?

¿Es posible que llevemos tanto tiempo
viviendo bajo el encantamiento
social del conformismo que no
sabemos ya CÓMO recordar
el poder y la magia que entraña lo salvaje,
NUESTRA naturaleza salvaje?

¿Qué pasaría si *todas* pudiéramos acceder a la inteligencia profunda que es anterior a la aparición del sistema nervioso, la inteligencia que existe en las vías fluviales de nuestro cuerpo fluido y que contiene recuerdos y sabiduría muuuy anteriores a la aparición del miedo a lo desconocido..., recuerdos y sabiduría que podemos y debemos utilizar para fortalecernos y afianzarnos, *en* nuestra forma humana, para poder crear e innovar, para poder estar al servicio de la vida y de la humanidad aquí y ahora?

Mira, como te decía, soy escorpio, y zambullirme en las profundidades, figurada y literalmente, es lo MÍO. He canalizado esta curiosidad por todo lo que emana de ELLA a través de la creación artística: he hecho un *Oráculo de Sirenas*, en el que su canto representa aspectos femeninos como la sensualidad y la seducción, el placer y el propósito, y es una guía que potencia en cada una de nosotras la libertad, la autoría, el amor, la clarividencia, el espíritu inquisitivo y las revelaciones.

Porque, hablemos claro: la represión femenina tiene una historia MUY LARGA. Su huella es perceptible, evidente, palpable en las comparaciones, los celos, la envidia que son tan frecuentes entre nosotras. *Y* es igual de perceptible, evidente y palpable que los sistemas y estructuras mecanizados e industrializados con los que el patriarcado ha conseguido que las mujeres/hermanas/humanas vivamos enfrentadas unas con otras se están desmoronando.

Sí, la herida infligida a la bruja es muy real, Y podemos elegir no perpetuarla. ¿Por qué luchar contra las estructuras y sistemas moribundos cuando tienes la capacidad de crear otros nuevos?

¿Y si... el canto de sirena –la canción de profunda y primigenia verdad oceánica contenida en nuestro cuerpo fluido y que atraviesa todas las capas de la evolución– TE está llamando, esperando, queriendo, necesitando para que lo comuniques al mundo?

¿Estás preparada?

Acércate la caracola al oído. ¿Lo oyes?

¿Oyes tu oceánico canto de sirena?

Llamándote a ser intrépida en la búsqueda de conexión con tu propia fuente. A reunir todo lo que has aprendido, metabolizado y transmutado al examinar de cerca tus heridas de bruja. Llamándote a responder cantando, a pleno pulmón, *tu* canción –tu propósito, tu magia, tu verdad, tu medicina y tu saber–, que creará la banda sonora más increíblemente vibrante y poderosa para el nacimiento de Lo Que Viene Ahora.

Para tu información: estar «preparada» no necesariamente produce una sensación de comodidad o facilidad. Tal vez sí, pero normalmente los milagros, la magia y la medicina más portentosos nacen en el caos, y gracias al caos, de tiempos como estos.

Sí, es mucho lo que se te pide, pero es lo ÚNICO que se te puede pedir. Porque, sinceramente, ¿qué otra cosa podemos hacer que revelar lo que es real y conocernos a nosotras mismas tan deliciosa e íntimamente EN nuestro cuerpo? Para que nos convirtamos en el paisaje más fecundo, más fértil, en el que crear y dar a luz una existencia en la que TODOS podamos prosperar y florecer.

Todo ser tiene un canto.

Cada célula entona ese canto.

Nuestro cuerpo es una sinfonía divina de frecuencias electromagnéticas.

Sí, tú eres ELLA, que ES un canto.

ELLA capaz de engendrar con su canto mundos completamente nuevos.

El canto de cada una de nosotras SERÁ distinto. Y todos estarán en completa resonancia con la frecuencia de Mamá Naturaleza y el cosmos: nuestra inteligencia natural, salvaje.

INVITACIÓN:
CONECTA TUS SONIDOS CON LA FUENTE

No hace falta que hayas estudiado canto ni que tengas «buena voz» a juicio de nadie para que empieces a vocalizar la canción que quiere ascender a través de tu cuerpo. La entonación vocal es una de mis medicinas favoritas porque trabaja con lo que quiera que esté ocurriendo en tu cuerpo para dejar que tu voz o tu canto real y natural se exprese. Es posible que, durante esta práctica, la voz produzca desde sonidos guturales y profundos hasta gritos, gemidos, lamentos o sonidos que parecen muy antiguos y no ser siquiera de esta Tierra. TODO es posible.

✶   *¿Mi sugerencia? Empieza por ponerte una mano en el corazón y otra en el vientre; luego inhala por la nariz y, mientras exhalas, con la boca cerrada, tararea. Siente la resonancia del zumbido DENTRO de tu cuerpo. Ahora mira a ver si puedes trasladar el sonido a partes concretas de él. (Desde el principio de los tiempos, se ha utilizado la vibración que produce el sonido en el cuerpo para sanarlo).*

✶   *Sigue haciéndolo durante un rato –el zumbido que se crea al tararear tiene un efecto calmante en el sistema nervioso– y luego, cuando te sientas más confiada y con ganas de emitir sonidos vocales, dirige con suavidad la atención a lo más profundo del vientre, al espacio que hay entre las caderas, y sé testigo de cómo la fuente, la fuerza vital, quiere expresarse a través de tu voz. (Ten en cuenta que la experiencia puede ser, y posiblemente será, diferente cada vez que lo hagas).*

✶   *Graba los sonidos de tu voz y observa si los que haces por la mañana son diferentes de los que haces al atardecer. ¿Son distintos los sonidos en las distintas fases de la luna o de tu cuerpo? No estás juzgando si lo que sale de ti es bueno o malo, estás dejando simplemente que se revelen los tonos, las notas y los sonidos de tu canto.*

...

Eres una fuerza. De la naturaleza

Mares, ríos, baños, lagos... Dondequiera que haya agua, me siento más feliz y libre. Sumergida en ella, nadando, bañándome, duchándome con ella, ADORO el agua. Desde que era muy pequeña, a cualquiera que tuviera interés en escucharme le decía: «Soy del mar». Cuando me portaba mal, mis abuelos me amenazaban a menudo con lanzarme al agua de vuelta (y, francamente, me daba igual, ¡porque SABÍA que era de allí de donde venía!).

Y estaba totalmente en lo cierto. La vida en la Tierra comenzó en los mares: todos los organismos de nuestro ecosistema responden al agua y están biológicamente vinculados a ella. Vivimos en el líquido embrionario del vientre de nuestra madre durante nueve meses, así que vivir en el agua es para nosotros una memoria celular fundamental.

También tenemos la misma composición mineral que el agua de mar, lo que significa que SOMOS sirenas que llevamos el mar DENTRO. Venimos del mar, somos el mar. Llevamos los aprendizajes y anhelos de nuestros ancestros oceánicos DENTRO de nuestro cuerpo.

Tengo la suerte de vivir cerca del mar, pero cuando estoy lejos de él, llevo siempre conmigo, en el bolsillo o en el bolso, lo que yo llamo una piedra bruja. Las distintas tradiciones la llaman por diferentes nombres, pero es una piedra con un agujero perforado por el mar. En mi linaje se dice que el agua que está en movimiento nos protege de la negatividad, o de la magia dirigida contra nosotras, así que, si encontramos una piedra con un agujero creado por la fuerza del agua, la piedra conserva la protección del agua y actúa como un amuleto protector.

Cada vez que encuentro una piedra bruja, le hago un pequeño guiño a Mamá Naturaleza por ese recordatorio de que, cuando fluimos, somos una fuerza de la naturaleza. Una fuerza capaz de mover, cambiar, transfigurar y transmutar cosas, creencias, historias, experiencias que creíamos literalmente grabadas en piedra.

Nuestro saber más profundo

Y bien, si venimos del mar, si somos el mar, ¿es posible que...? (Si te ha gustado la analogía de Ariel y Magdalena –¡vaya combinación!–, tal vez quieras zambullirte conmigo en esta teoría o remembranza).

¿Es posible que... una sirena sea de hecho una maga que SABE:

La formidable fuerza y poder, magia y medicina que son sus aguas salvajes?

Que el agua es la fuente de la que venimos y la fuente que sigue fluyendo a través de nosotras?

Que habitar en la fluidez de nuestro cuerpo es un estado perpetuo de creación, posibilidad y devenir?

Porque, aunque puede que nunca hayamos vivido en «estado salvaje», hay cosas que el «animal manso» que es nuestro cuerpo sabe instintivamente, y es ese «saber de fondo» el que es intuitivo, sensorial y oceánico, y crea un anhelo, un anhelo profundo, una especie de añoranza del vientre del que venimos, un anhelo de volver a algo de lo que no tenemos recuerdo y que nunca hemos experimentado.

SABES de qué te hablo, ¿verdad? SÉ que lo sabes.
Es más profundo que los deseos
que la sociedad considera
aceptables, que se nos permite tener y se nos anima
a cumplir. Sí, es muuucho más profundo.

Mira, vivimos en un mundo en el que la informatización ha sido tan rápida que muchas ni siquiera nos hemos dado cuenta de que nuestra experiencia vital se ha desincronizado de los ritmos del campo electromagnético de la Tierra y de los remolinos, vórtices y pulsaciones naturales de sus masas de agua (y recordemos que también nosotras somos cuerpos de agua).

Así que (y me doy cuenta del contrasentido de lo que voy a decir, dado que estoy sentada delante de un ordenador, volcando en él a golpecitos de dedo el contenido de mi corazón y de mi vientre), cuando nos pasamos horas sin movernos de la silla, y el zumbido de la tecnología bombardea continuamente nuestro organismo y nos atacan y penetran TODO EL PUTO RATO interminables riadas de información, podemos tener auténtica dificultad para sintonizar, para experimentar nuestra propia frecuencia, para oír nuestro canto de sirena.

Pero *conocemos* su sonido. Es verdad, el encantamiento que la sociedad ha obrado en nosotras ha demostrado ser muy poderoso: nos ha separado y distanciado de lo que realmente queremos y necesitamos, porque ha conseguido dirigirnos hacia lo que *ella* cree que *deberíamos* necesitar y querer; nos ha hecho desconfiar de lo «primitivo», «instintivo» y «natural» (en especial cuando la palabra hace referencia a las mujeres) y nos hace vivir con el sistema nervioso permanentemente activado... Y sin embargo (y gracias a la Diosa por esto), *aun así*, CONOCEMOS su sonido.

NOTA: Una aclaración, porque se habla mucho de lo «malo» que es tener el sistema nervioso «desregulado». A ver, que se te desregule el sistema nervioso *no* significa que tengas un problema nervioso. Se activa para protegerte, para mantenerte a salvo (¡y viva!).

Lo que ocurre es que muchas nos pasamos el día en un eterno bucle de ajetreo, productividad y preocupación por «todo lo que tenemos que hacer», tambaleándonos al borde del agobio, la ansiedad y el agotamiento, y obligamos a nuestro cuerpo a vivir en un estado de continua activación que sencillamente no puede soportar. Esto nos provoca comportamientos irracionales, críticos, reactivos, y el sistema nervioso pierde flexibilidad, capacidad y resistencia. Lo cual NO ES BUENO.

✦ Una pequeña ayuda ✦
Melisa

Esta planta, fácil de cultivar, era uno de los remedios curativos predilectos de mi abuela, y es ahora mi bálsamo personal por excelencia. A la melisa se la suele llamar «abrazo herbario» por su efecto calmante sobre el sistema nervioso. Si tienes problemas para dormir o necesitas que tu cuerpo retorne a un estado de paz y contento, puedes utilizar aceite esencial de melisa en un difusor o prepararte una infusión de melisa: añade hojas frescas o secas al agua hirviendo y déjalas reposar durante diez minutos antes de tomarla.

(La miel es opcional. Aunque NO la haya en mi mundo acuático, ¡me ENCANTA la miel! y se la añado a TODO porque es el néctar de la Diosa. De hecho, en la Grecia antigua, los apicultores del templo de Artemisa solían plantar melisa cerca de las colmenas para tener contentas a las abejas sagradas. ¡Considérame una abeja sagrada!).

NOTA: La melisa no debe utilizarse durante el embarazo o la lactancia.

...

Baja el ritmo y *s i e e e n t e*

Uno de los comentarios más frecuentes que oigo cuando trabajo con mujeres, sobre todo si son mujeres que están en un camino espiritual, es que temen que recuperar su poder, acceder a su «saber» más profundo, y lo que a partir de entonces «vean» y «sientan» en respuesta, sea SALVAJEMENTE abrumador para un sistema nervioso que a menudo está desregulado. Lo entiendo. Y *por eso* precisamente estoy compartiendo aquí contigo cómo conectarte con tu propia fuente de energía y de magia.

Muchas estamos despiertas, decididas a recuperar nuestro poder, pero pretendemos que lo encarne un cuerpo que está cansado, desnutrido, exhausto. Oímos hablar de fórmulas genéricas que supuestamente nos ayudarán a ser «más espirituales», así que tomamos zumos verdes, nos ponemos unas mallas carísimas y comemos toneladas de col rizada. Pero a algunas, en realidad, estas dietas y prácticas solo nos crean MÁS agobio y MÁS desconexión de nuestro cuerpo.

Cuando pruebas a *b a j a a a r* el ritmo, eres capaz de conectar con tu cuerpo; eres capaz de *s e n t i i i r* tus sentimientos, emociones y sensaciones, y descubrir lo que te sienta bien a *ti*, lo que te hace sentirte saciada, segura y llena de energía, y por tanto capaz de contener MÁS...

Más magia.

Más alegría.

Más placer.

Más vitalidad.

Más fuerza creativa.

Más poder esencial.

Porque, seamos sinceras: para muchas, incluida yo, el acto de sentarnos inmóviles a «meditar» es una puta tortura (y en algunos casos, especialmente para mujeres que han tenido experiencias traumáticas, sentarse quieta con los ojos cerrados puede incluso crear *más* trauma en el

LA MAGIA ERES TÚ

organismo). Por eso, muchas nos resistimos al concepto de «descanso» y preferimos «ponernos en marcha» y «estar activas».

Así que, por favor, no dejes nunca que nadie te diga que solo hay una manera «correcta» de hacer las cosas, especialmente si se trata de una práctica «espiritual». Si meditar de la manera convencional, sentándote inmóvil y prestando atención a la respiración, te resulta forzado, no lo hagas. Hay muchas otras formas de hacer meditación; de hecho, la meditación en movimiento (estar plenamente atenta a las sensaciones que aparecen y las emociones que surgen al mover el cuerpo) puede ser mucho más provechosa (y hacerte sentir más tranquila y relajada), particularmente si has sufrido alguna experiencia traumática.

Tampoco te estoy diciendo que NO medites. La quietud es una delicia, un auténtico regalo para el organismo, pero si a ti estar quieta te crea incomodidad, o incluso ansiedad, no lo hagas. Al menos, mientras sea esa la sensación que te produce.

Un lugar de paz

Hace unos años, fui a España a hacer un retiro de silencio.

Diez días. Silencio.

Me encantó (una vez que conseguí dejar atrás la resistencia, el ruido mental y la cháchara que me daba vueltas como un tiovivo en la cabeza, obviamente).

Recuerdo que en cierto momento dije que, si no hubiera estado casada con un vikingo irresistible, habría podido quedarme allí para siempre.

Recuerdo oírme declarar que la paz era tan profunda que en ella me encontré con la Diosa y la amé. Intensamente.

Recuerdo que estuve indagando si había alguna forma de hacerse monja Y seguir teniendo vida sexual; porque, si la había, iba a considerar la posibilidad en serio.

Recuerdo que combinar el silencio con la oscuridad era una poderosa forma de preparación para la muerte. Lo hice con diligencia. Tiempo después, lo hice con mis clientas.

Y recuerdo también que, en ese lugar de paz, me di cuenta de que lo más difícil y valioso, el «verdadero trabajo», es ser capaz de habitar ese lugar de paz CON el ruido de la cabeza, CON la voz crítica y CON el agobio, en vez de que sea un lugar al que escapar o del que haya posibilidad de alejarse.

Pero luego se me olvidó todo. Porque alguien que está en paz en y con su cuerpo y con la persona que es, alguien que es capaz de continuar equilibrado en su centro, en su lugar de paz, cuando el mundo se llena de ruido y todo está fuera de control, tiene un poder formidable. Así que, obviamente, no es algo que el mundo tenga interés en alentar.

Claro que podemos asistir a una clase de meditación o a una sesión de yoga de cincuenta minutos... en la que desearíamos que todo fuera como los diez minutos finales que pasamos tumbadas en *shavasana* (¡dime que no me pasa *solo* a mí!). O podemos hacer un retiro de Vipassana y estarnos veintidós días en silencio, meditando, o leer un libro sobre desarrollo personal y mindfulness (atención plena). Pero estar REALMENTE en paz contigo misma y en tu cuerpo es, diría yo, uno de los actos más potentes (y deliciosamente desafiantes) de remembranza y encarnación de nuestro poder.

Ser terreno sagrado para TU magia

Mi organismo *quiere* recordar. Quiere recordar CON TODAS SUS FUERZAS.

Por eso empiezo el día estando cinco minutos en paz. *No* meditando. Simplemente estableciendo la intención de residir, momentáneamente, en un lugar de paz. En silencio. En mi cuerpo. Respirando. Inhalo contando hasta cuatro, retengo el aire contando hasta tres, exhalo contando hasta cinco. Sumiéndome en mi cuerpo y estando presente.

Se trata de tomar conciencia de nuestro cuerpo y de toda la diversidad de sensaciones, movimientos y reacciones. No para intentar «arreglarlos», sino para reconocer su presencia, escucharlos y, a continuación, crear prácticas que respondan a las necesidades que expresa nuestro cuerpo y que nos nutran en el sentido más profundo; prácticas que nos permitan expandirnos espiritualmente. (No es necesario que hagas contorsiones. A menos que quieras hacerlas, claro).

Yo, cuando me resultaba demasiado desagradable estar EN mi cuerpo —es decir, cuando «veía» u «oía» más de lo que mi organismo tenía capacidad para «ver», «oír» o «sentir»—, me disociaba de él. Sí, pese a llevar más de diez años enseñando yoga, movimiento y «corporeidad», no tuve una comprensión del cuerpo hasta que me formé como terapeuta somática.

Fue al sumergirme en la conciencia de mi cuerpo fluido –al descubrir lo que había debajo y más allá de todos los cuentos, heridas y traumas que daba por sentado que eran *yo* y sentir curiosidad por esos «¿es posible que...?» de los que te hablaba hace unas páginas–, fue entonces cuando me di cuenta de que era aquí, en la fecunda fluidez y la fluencia de mi cuerpo, donde la VERDADERA encarnación, sanación y transformación se pueden producir.

Comprendí que, si era capaz de dejar lentamente que todo lo que quisiera estar presente entrara y saliera, como una ola marina –de modo que, por ejemplo, mi capacidad de «ver» formara parte también de la experiencia vivida–, me encontraría en un estado de ser para el que «ver» no supondría ningún riesgo. Podría integrar mis visiones oraculares y místicas en mi experiencia vivida y encarnada EN mi cuerpo.

Porque, seamos sinceras, aunque muchos libros y guías espirituales nos animen a conectar con nuestro yo espiritual, para la mayoría de nosotras –en especial para las que habéis decidido uniros a mí aquí, en este caldero burbujeante alimentado con la energía de nuestra propia fuente– lo auténticamente difícil es permanecer conectadas a nuestro cuerpo y recordar nuestra magia mientras atendemos las mil y una situaciones de la realidad cotidiana.

Por eso tantas BUSCAMOS algo que nos dé un «aprobado espiritual» fuera de nosotras. Es mucho más fácil (a corto plazo) hacer lo que se nos dice que crear intimidad con nosotras mismas *b a j a a a n d o* la marcha y estando atentas (a lo que hay debajo de todo). Porque ahí, debajo de todo, es donde descubrí que reside la *auténtica* hambre. Un hambre insaciable, un anhelo oceánico de lo real. De lo profundo y orgánico y, en fin..., *salvaje*.

Sé por experiencia que es más fácil. Porque a nuestra yo eminentemente mundana, que tiene la mirada puesta en ocuparse de todos los asuntos del día a día, el despertar de lo salvaje puede hacerle creer... que se está volviendo loca. Yo muchas veces me he preguntado: *«Pero ¿qué me pasa? ¿Debería tomar medicación? ¿Debería hacer terapia? ¿Necesito que me arreglen la cabeza?».* (Y por cierto, en el pasado respondí «sí» a todas estas preguntas y encontré soluciones a veces más eficaces y a veces menos, así que NO estoy juzgando nada ni a nadie).

Y, *por supuesto*, tampoco estoy sugiriendo que debas hacer nada de esto sola. Eso es precisamente lo que nos ha traído a esta situación: NO estar en comunidad, NO tener el apoyo y la orientación que necesitábamos para estar EN nuestro cuerpo y EN nuestro poder TODAS. AL. MISMO. TIEMPO. Ahora bien, a la hora de elegir guías y comunidades, *tienes que* hacer uso del discernimiento más radical. En definitiva, lo que buscas no es a alguien que intente arreglarte, sino que te acompañe y te ayude a encontrar y cultivar *tu* propia fuente de energía.

Retornar a la fuente

Yo me *he* atrevido a sumergirme hasta el fondo, a conectar con mi cuerpo fluido, la fluencia sabia de la que te hablaba hace un momento. Ese profundo anhelo, esa hambre profunda de lo real, es un requisito para que cada una comprendamos y comprobemos que lo salvaje NO es la zona de peligro que nos han hecho creer. Ya, qué gran sorpresa ¿verdad?

Es un retorno al origen.

Es directo y real.

Es una reconexión en la fuente, con la fuente, como fuente. Como fuerza vital. Una invitación a dejar que la bondad sea tu guía (no lo «bueno», que, para tu información, es un constructo social).

La bondad es lo que hay debajo de *todo*.

Es gloriosa inocencia.

Es nutrición profunda.

Es saber.

TU saber.

Y manteniéndote conectada a la fuente EN.TU.CUERPO –a pesar de las inevitables exclamaciones «¡estás loca!» o «¡te estás desviando del camino espiritual!»– es COMO escuchas y te conectas y respondes a *tu* canto de sirena. *Tu* frecuencia.

Ahora bien, ten en cuenta esto: necesitas darte tiempo y espacio para sentir curiosidad y explorar. Como ya he dicho, y seguiré diciendo, esto NO es un plan ni una fórmula de cinco pasos, y si ves que la idea de meditar o de descansar, o incluso de probar a hacer las prácticas que propone el libro, te genera ansiedad, o te pone todavía más nerviosa, tienes aquí la ocasión de ser infinitamente flexible al respecto. Como también he dicho, TODAS las prácticas que propongo son una invitación. De todos modos, si algunas prácticas te resultan de entrada más atractivas que otras, te sugiero que estés atenta a cómo responde tu cuerpo en esos momentos, que lo

investigues con curiosidad; porque, recuerda, el autoconocimiento es poder personal.

INVITACIÓN:
EXPANDE TU CAPACIDAD

Prueba a aflojar el habitual estado hiperalerta de reacción-y-supervivencia y a dejar paso a un espacio más relajado y flexible, de descanso-y-asimilación, en el que tu organismo pueda respirar más profundamente y en el que te sea posible, aun por un instante, ser testigo de que tu cuerpo es un espacio seguro para que estén presentes en él la magia y la sabiduría ancestral.

QUÉ VAS A NECESITAR

Una vela; pétalos de rosa (opcional); lápices de colores y papel (opcional); tu diario y un bolígrafo.

QUÉ HACER

Rodea con pétalos de rosa el espacio en el que estás sentada o de pie o, apuntando con el dedo índice, traza a tu alrededor un círculo energético de amor y sanación. Invoca a tu equipo espiritual –de antepasadas, espíritus, animales totémicos o guías– como más natural te resulte.

* ☆ *Enciende la vela, declara iniciado el círculo de sanación y, sentada o de pie, ponte una mano en el corazón y la otra en el bajo vientre. Dirige la atención a la respiración. Inhala con intención por la nariz y exhala por la boca. Hazlo durante tres minutos.*
* ☆ *Baja las manos pero sigue respirando profunda e intencionadamente. A continuación, empieza a explorar tu cuerpo. Utiliza la visión interior para «escanearlo», empezando por los dedos de los pies. «Escanearlo» significa confiar en ti, confiar en que tu sabiduría interior te dirá dónde hay dolor o malestar, entumecimiento, sensaciones o cualquier cisma energético en tu cuerpo, y ser simple testigo de cada uno de ellos al detectar su presencia.*
  «Siente» de verdad cada parte de tu cuerpo al escanearla. Si notas una tendencia a desconectarte de él y una resistencia a «sentir», toca o da un suave golpecito a cada parte al llegar a ella. Ve subiendo lentamente por todo el cuerpo, explorando

por dentro y por fuera cada área hasta llegar a la cúspide de la cabeza. Durante el recorrido, observa cada sensación, pero no las juzgues.

✮ *Ahora ponte la mano izquierda en el corazón y golpea suavemente con los dedos ese espacio. SIENTE de verdad cómo tu mano entra en contacto con la energía del corazón y, mientras das los golpecitos, dite a ti misma: «Estoy EN mi cuerpo». No pienses; s i e e e n t e. Siente todas las partes de tu cuerpo que están en contacto con una superficie. Siéntete EN tu cuerpo. Si te descubres pensando, dirige la atención a la sensación que producen los dedos al golpear suavemente el espacio del corazón y deja que el espacio que estás golpeando responda.*

✮ *Dale tiempo. No te impacientes. Si no sientes nada, o parece como si tuvieras una armadura alrededor del corazón, díselo al corazón directamente: «Déjame aflojarme, soltarme, para poder experimentar más».*

Cuando notes que te empiezas a relajar, pregúntate: «¿Qué está deseando, queriendo imperiosamente fluir en mi cuerpo y a través de mi cuerpo?».

Esta es una pregunta MUY IMPORTANTE, ¿entiendes?, pues será la base de una investigación de ti misma durante toda la vida A TRAVÉS de tu cuerpo.

Así que no le metas prisa a tu cuerpo ni esperes obtener una respuesta o indicación totalmente formada. En realidad, la respuesta rara vez te llegará en forma de palabras; por eso tengo a mano papel y lápices de colores para intentar «captar» cierto estado de ánimo o cierta sensación cuando aparecen. Tampoco esto es siempre posible, claro, y he aprendido a aceptarlo. Tal vez tengas que aprender a hacerlo tú también.

Cuando recibas una respuesta u orientación, toma nota (si no recibes nada, pide que se te muestre la respuesta a través de signos y símbolos inequívocos en las siguientes veinticuatro horas. No te prometo nada, pero, normalmente, cuanto más directas somos, más fácil le resulta a ELLA, al universo, al espíritu contestar). Recuerda que las formas en que tú recibas la información serán probablemente diferentes de las mías, así que deja que TODO esté presente mientras aprendes a reconocer cómo se dan en ti.

Es aquí, en tu corazón, en tu cuerpo, donde descubrirás tu «claro que sí» y tu «rotundamente no». Es aquí donde tenemos la posibilidad de crear límites radicales y atenernos a ellos. NO TENGAS MIEDO DE ESTA ENERGÍA. Es poder. TU poder. (Ten por seguro que la mente va a serte superútil a la hora de poner las cosas en marcha, pero por ahora, quédate en tu cuerpo todo lo que puedas).

✮ *Cuando sientas que has completado esta práctica y que es el momento de concluir, inhala luz verde esmeralda dirigida al corazón. Al exhalar, envía luz* dorada hacia el bajo vientre y siente cómo penetra en él. Hazlo durante tres minutos y luego declara en voz alta tres veces: «CONFÍO EN MÍ MISMA. CONFÍO EN MI CUERPO. CONFÍO EN MI FUENTE DE MAGIA».

✭   Da las gracias a tu equipo espiritual, apaga la vela y cierra el círculo.

. . .

El hambre ha sido siempre el canto de sirena que quería, esperaba, deseaba intensamente ser escuchado.

En.tu.cuerpo

Cuando conectas con tu cuerpo, cuando pones la atención en estar presente a las sensaciones y emociones que aparecen, estableces con él una relación de confianza que te hace sentirte segura EN.TU.CUERPO.

En muchos de mis libros (particularmente en *Amar tu paisaje de mujer*) he hablado de la importancia de conectar con nuestro centro de energía y poder: el cuenco pélvico (la cavidad ósea que se encuentra en el centro del cuerpo y que contiene y sostiene parte del sistema digestivo, la vejiga y los órganos sexuales). Por eso, TODAS las mañanas pongo música y muevo el cuerpo al compás, en concreto las caderas y la pelvis.

Entrar en conexión con tu cuenco pélvico es SIEMPRE una invitación a entrar EN tu cuerpo y sentir curiosidad por este lugar y espacio de gran poder, que personalmente considero un auténtico caldero medicinal que llevamos integrado. Es nuestra base, nuestra raíz, desde la que podemos conectar profundamente con la raíz de Mamá Tierra y recibir energía de la Fuente, en la fuente de nuestro ser, por acción de la Fuente. Donde podemos desentrañar, transmutar, sanar, revelar y crear (universos enteros si queremos). En mi caso al menos, aquí es donde se crea un sentimiento de seguridad real y verdadera EN mi cuerpo.

Como es arriba, es abajo

Somos muchas las que llevamos en nuestro cuenco pélvico dolor y traumas (de esta vida y de vidas pasadas y futuras; dolor y traumas ancestrales, familiares Y culturales). Es la razón de que tantas sintamos dolor y malestar precisamente aquí; la razón de que tantas nos sintamos desarraigadas, sin una base firme, sin cimientos, perdidas, desconectadas. Porque si NO estamos en conexión directa con nuestro cuenco pélvico, estamos literalmente cortadas de raíz, desconectadas de la Fuente.

Cuando nuestros cimientos están enraizados con firmeza en la materia esencial, descubrimos lo esenciales que SOMOS.

Iniciemos ahora la que es de esperar que sea una relación llena de amor con tu formidable y poderoso caldero de creación. Y lo vamos a hacer describiendo con las caderas círculos, espirales y ochos, deliciosos símbolos de lo femenino.

INVITACIÓN:
TUS CADERAS NO MIENTEN

Por su conexión directa con la garganta y la mandíbula –como es arriba, es abajo–, el cuenco pélvico nos permite expresarnos y entonar con más seguridad nuestro canto de sirena.

Si trabajas sentada delante de un escritorio o pasas mucho tiempo sentada al volante de un coche, es posible que se te agarroten las caderas y los muslos. Esto puede provocar atascos energéticos, sangre menstrual oscura y con coágulos (si es que menstrúas) y molestias y dolores continuos en la zona lumbar. Yo te animaría a que hicieras la siguiente práctica a diario durante el resto de tu vida, pero, por ahora, vamos a empezar con un poco de amoroso vaivén de caderas, al estilo Shakira.

A ver, no necesitas instrucciones para esto. Hubo un tiempo en que movías las caderas con naturalidad al ritmo de la naturaleza, al pulso del universo, al sonido de tu propia frecuencia vibratoria, así que esto NO es algo que necesites aprender.

☆ *Recuerda. Sintoniza con tu cuerpo. ¿Qué música necesita hoy? ¿Algo rápido y con brío o tal vez algo lento y sensual? Mis melodías favoritas para el vaivén de caderas son «Shake It Off», de Taylor Swift; «Listen», de Goddess Alchemy Project, y «Cherry Bomb», de Joan Jett & the Blackhearts. Puedes usar estas canciones o hacer tu propia lista de reproducción de tres canciones y luego, durante diez minutos..., ya sabes, ¡a mover las caderas!*

✳ Haz círculos con las caderas. Muévelas hacia delante y hacia atrás. Muévelas de un lado a otro trazando un ocho. Agítalas. Golpéalas suavemente con las manos. El propósito es que les prestes atención, que establezcas relación con ellas y dejes que te hablen. A algunas, esto nos provocará emociones o nos hará soltar carcajadas y eructos energéticos (o pedos); deja que todo esté presente.

✳ Cuando termine la lista de reproducción, ponte las manos en las caderas (no, no te estoy pidiendo que hagas el «Time Warp»,* ¡aunque por supuesto puedes hacerlo si quieres!), quédate totalmente quieta durante uno o dos minutos y deja que la vibración del movimiento que has creado en el espacio de tus caderas siga resonando desde tu centro y expandiéndose en tu cuerpo.

Las caderas y la pelvis crean en el interior del cuerpo un caldero mágico que es tu laboratorio de alquimia, en el que puedes convertir las ideas en manifestaciones, en el que puedes crear vida, libros, negocios, arte... Cualquier cosa es posible cuando la energía física y la vitalidad fluyen en este espacio.

...

Si moviéramos las caderas más a menudo y confiáramos en la fuente de energía que sostienen en su centro, el mundo sería mucho más maravilloso. Lo sé con seguridad.

NOTA: Si llevas en tu interior la huella de una experiencia profundamente traumática o sientes dolor y malestar en las caderas, la pelvis o el útero (si tienes útero), te ruego que consultes a una persona cualificada o me lo comentes a mí, pues sé por experiencia que estos movimientos pueden producir cambios sustanciales en la forma de experimentar la vida.

---

* N. de la T.: «Time Warp» ('deformación del tiempo' en la jerga de la ciencia ficción) es el nombre de una de las principales canciones del musical de culto *The Rocky Horror Picture Show*. El grupo mexicano Timbiriche lanzó en su disco *La banda Timbiriche en concierto* (1983) la versión en castellano de «Time Warp» con el nombre de «El baile del sapo».

Es un proceso

Nuestro cuerpo es muy muy sabio; por eso, aprender a escuchar y sentir la canción y la frecuencia que laten dentro de él, en el fondo de todo, es la MÁS poderosa práctica espiritual. De hecho, nuestra carne y nuestra sangre atesoran los secretos y misterios de la totalidad del cosmos.

Cuando nos sumergimos en lo más hondo, SABEMOS. *Sabes que sabemos, ¿verdad?*

Ahora bien, si tienes el sistema nervioso desregulado, es FUNDAMENTAL que cultives una relación con tu cuerpo y expandas su capacidad, para que pueda estar presente en él la más completa diversidad de emociones y sensaciones y una plena conciencia espiritual sin que te sientas desbordada.

Sumergirte en lo más hondo es conectar con tu Fuente de magia.

Es así como te cuidas, te nutres y te llenas de energía para poder estar más presente.

Es así como sintonizas con el ritmo de tu frecuencia.

Es así como te ocupas de investigar lo que de verdad anhelas. Es como despierta en ti, y sigue *siempre* viva en ti, la curiosidad por tus profundos anhelos oceánicos.

Es como sientes menos necesidad de cumplir con los requisitos de la sociedad y empiezas a ser cada vez más una invitación andante y parlante (a menudo cantante) a que la sociedad te encuentre EXACTAMENTE donde estás, y dejas de encogerte y amoldarte para ser una chica «aceptable» y «simpática». (Ya no estamos aquí para eso. Es más, todas las habilidades de las que hasta ahora hemos hecho uso para amoldarnos y conformarnos son las artes de nuestro «oficio», que, cuando se usan para mantenernos conectadas con la Fuente de energía y magia que somos, pueden amasar, modelar y crear realidades enteramente nuevas).

Es como tú, EN tu cuerpo, te conviertes en fuerte y fértil receptáculo para la expansión y el florecimiento. Un receptáculo enraizado en Mamá Tierra que tiene capacidad para contenerlo todo: magia y fuerza vital y creatividad y magnetismo. Tú sabes quién eres (una poderosa fuente de santo y fiero amor a la madre).

Sabes que tu presencia es tu poder y que eres capaz
de estar presente, ocupar el espacio que necesites
(sin complejos ni disculpas), actuar con
discernimiento radical Y estar al servicio de la vida,
sin por eso negar tus propios
sentimientos y tu experiencia.

Es un proceso.

Que se revela a cada paso y cada instante.

No un objetivo que tengas que alcanzar ni un trayecto con un destino fijo.

Es fortificación, sí, pero no para protegerte de nada ni para luchar contra un sistema que está ya resquebrajado. Es fortificación para crear una capacidad deliciosamente elástica que, a su vez, cree espacio para experimentar y establecer una deliciosa y familiar relación con TODO: la magia, la magnificencia, el fuego, la dicha, el dolor, la devoción, la alegría, el placer, la medicina. CON. ABSOLUTAMENTE. TODO.

TÚ como ceremonia viviente en honor a ELLA

Cuando alguien me pregunta por qué ya no doy clases de yoga, le explico que no es que ya NO enseñe yoga, sino que ahora imparto y comparto IN.YOUR.BODY.MENT®: un conjunto de prácticas de movimiento, danza, respiración y sonido que nutren y fortalecen el cuerpo entero. La intención de cada clase o sesión o taller es ayudar a las participantes a experimentar su cuerpo como una ceremonia viviente en honor a ELLA. IN.YOUR.BODY. MENT es una deliciosa celebración devocional, acompañada de golpes de tambor y voces y cantos y retumbar de pies, y todas las invitaciones y rituales de los que hablo en este libro forman parte de ella.

Lo que con el tiempo he descubierto —como mujer, como ser humano— es que nuestro cuerpo dice la verdad. El dolor, la tensión, el entumecimiento, la ansiedad son mensajes que se suman para decir: «¡Hola!, por aquí las cosas no van bien». Sin embargo, nos han enseñado estupendísimamente a ignorar, arreglar o medicar el cuerpo. En lugar de *bajaaar* el ritmo y aprender a conocer las señales y sensaciones corporales, hacemos lo que nos han contado que tenemos que hacer para seguir siendo «productivas» y «útiles».

Así es, desde luego, como fue para mí durante MUCHO tiempo. Cuando me preguntan cómo me dio por empezar a hablar de vulvas y vaginas, de ciclos menstruales, del poder y el placer, respondo que la razón es que yo era ESA mujer que NO quería estar EN su cuerpo. La mujer que NO quería escuchar a su cuerpo. La mujer que habría abandonado su cuerpo en la primera esquina si alguien le hubiera garantizado que esa era la forma de no tener que sentir.

Lo que pasa es que, ineludiblemente, si cuando el cuerpo nos habla en susurros no le prestamos atención, empieza a hablarnos en voz alta. MUY alta. El mío se dio a conocer mediante una endometriosis, el síndrome de ovario poliquístico (SOP) y un trastorno disfórico premenstrual (TDPM). Así de claro; como me había vuelto una experta en funcionar solo del cuello para arriba, armó un VERDADERO alboroto «ahí abajo».

Acabo de darme cuenta de que este es un buen momento del libro para responder a una pregunta que me hacéis *continuamente*: «¿Por qué hablas *tanto* de "ahí abajo"? ¿Soy menos mujer o menos bruja por no tener útero?». Mira, es verdad que hablo MUCHO de úteros. Celebro la matriz como un lugar de poder, de medicina y de magia porque, como he mencionado al principio del libro, hace años los médicos me amenazaron con quitármela, y desde entonces he trabajado muy pero que muy en serio para sanarla y amarla y reconocer el poder que contiene y que me llega de ella, y quiero ayudar a quienes han tenido experiencias similares a hacer lo mismo.

Solo hablo, enseño y comparto desde mi experiencia personal, y DE NINGÚN MODO me atrevería a considerarme portavoz de TODAS. *Por supuesto* que puedes conectarte con tu poder, ser bruja, ser una mujer poderosa aunque no tengas matriz. Por supuestísimo.

Para tu información: NO necesitas ni ahora ni NUNCA que ni yo ni nadie te diga si eres bruja, mujer y una poderosa humana. ES UN HECHO.

Evoca la remembranza de tu cuerpo

IN.YOUR.BODY.MENT es a la vez mi llamada y mi respuesta a toda mujer que quiera aprender a leer e interpretar el lenguaje de su cuerpo. Creé estas prácticas para apoyar la naturaleza cíclica y la inteligencia rítmica de *tu* cuerpo y ofrecerte recursos que te permitan vivir en sintonía con ellas.

Porque cuando entramos EN nuestro cuerpo, y descendemos, y entramos EN nuestro cuenco pélvico, empezamos a sentir y experimentar particularmente aquí nuestros propios ritmos y reconocemos que, como TODA la naturaleza y la creación, tenemos una danza, una canción y un ritmo propios. Al igual que las mareas oceánicas, también nosotras experimentamos un flujo y un reflujo, y forman parte INTRÍNSECA de nosotras el impulso de expansión y de contracción.

Por eso, IN.YOUR.BODY.MENT es una invitación a que te *m u e e e v a s* de una forma deliciosamente fluida, serpenteante, al unísono con ese ritmo (en ese momento, sabiendo que en el siguiente podría ser, y a menudo será, diferente).

Es la curiosidad que despierta en nosotras mover el cuerpo de esta manera, respirar de este modo y hacer los sonidos que hacemos al movernos así lo que evoca el recuerdo. A nivel celular. Es lo que evoca la sabiduría contenida en el ADN de nuestro ser, en las mitocondrias, la sabiduría que ha estado latente, esperando a ser activada, por nosotras y a través de nosotras. (Lo mismo que la Diosa, Ma, la Fuente de poder, ha estado presente durante miles de años, simplemente esperando a que recordemos y La activemos, en nosotras y a través de nosotras).

Y cuando nos permitimos estar CON los sentimientos y las sensaciones del cuerpo a través del movimiento, la respiración y el sonido, empezamos a descubrir y reconocer que vivimos en una danza CON la naturaleza. Que el agua, la Tierra, el fuego y el aire, los planetas y la luna están TODOS en intercomunicación con cada instante de nuestra experiencia viva. Y que en conjunción con ellos, en esa danza, podemos regular nuestro sistema nervioso, echar raíces fuertes que nos sostengan y mantengan EN nuestro cuerpo y nos ayuden a estar más presentes y a ser más receptivas a todo lo que, dentro de nosotras, está deseando que lo veamos, escuchemos, sintamos, todo lo que está deseando ser experimentado y vivido.

El encantamiento social nos ha hecho creer que en el mundo todo es urgente. TODO. Nuestra cultura entera se ha ido consolidando sobre la base de que hemos sido capaces de hacer y hacer y seguir adelante como autómatas. Cuando reconocemos y asumimos que NO somos máquinas, y que no hemos venido aquí ni estamos hechas simplemente para «producir»

–da igual que sea trabajo (el vieeeejo paradigma que arranca de la Revolución Industrial) o la cena, o bebés o sexo–, empezamos a recordar que somos salvajes y SABEMOS.

Restablecer.

Energizar.

Transfigurar.

Transmutar.

Retornamos al ritmo de la vida, al flujo y reflujo de nuestras mareas.

Somos de nuevo la mujer que confía en su cuerpo, que se permite dulcificarse y *ser*, en respuesta a las invitaciones y gestos de la vida.

Tú, viva como proceso.

Eres un proceso vivo,
mágico,
magnético,
en eterna
transformación.

El laberinto

Mi «proceso» (al menos, *esta* iteración del proceso) empezó cuando murió mi madre. Al día siguiente del funeral, le pedí a mi marido, el Vikingo, que me llevara a Francia, a la catedral de Chartres. En aquellos momentos estábamos en la costa sur de Inglaterra, así que llegar a Chartres suponía una travesía nocturna en *ferry* seguida de dos horas de viaje en coche.

En la actualidad, el Vikingo está ya acostumbrado a mis cantos de sirena, que en definitiva son la necesidad de confiar en mi instinto y dejarme guiar, y que generalmente nos hace iniciar una aventura salvaje y desconocida rumbo a algún determinado lugar o localidad sagrados de algún sitio del mundo. En aquel tiempo, sin embargo, no estaba nada seguro de qué significaba *en realidad* aquella petición. Y hasta cierto punto, yo tampoco. Pero en aquellos momentos de duelo... ¿cómo se iba a negar?

Y así es como, una preciosa mañana soleada de mayo, me encontré recorriendo el laberinto de la catedral de Chartres. (Después me enteré de que el laberinto, inscrito en el suelo de la nave central, está CASI SIEMPRE tapado por las sillas que se utilizan para los oficios religiosos. Algunos han aventurado que la intención de estas restricciones es disuadir a la gente de descubrir el poder espiritual del ancestral «peregrinaje por el laberinto». Solo sé que el día que llegamos, habían retirado las sillas y el laberinto estaba al descubierto).

El cuerpo de la Diosa

Chartres es una catedral medieval que se alza sobre lo que en un tiempo fue el robledal sagrado de los carnutes, una tribu gala (celta) que vivió en

Francia durante la Edad de Hierro. Acudían al lugar para venerar la imagen de una *Virgo paritura*, una «virgen» a punto de dar a luz, en una gruta contigua a un pozo sagrado. (Hasta aquí, todo sagrado, ¿verdad?).

Cuando llegué, no sabía nada de esto. Tampoco había leído nada sobre el laberinto ni tenía idea de su significado cultural o espiritual. Pero el mismo instinto que me había llevado a Chartres me condujo hasta él. (Se dice que el laberinto representa el cuerpo de la Diosa, con un camino que va definiéndose hasta Su centro y luego sale de él).

Hay quienes entran en el laberinto con una pregunta, una palabra o una intención en mente. Yo entré con el corazón roto, con un vacío donde antes vivía el amor y una añoranza. Una profunda, muy muy profunda añoranza de Ma. Sí, de mi madre, la que acababa de morir, pero también de la Ma que yo deseaba ser. Y más, una añoranza aún más profunda, de la GRAN Ma. La Ma de la que a *todas* se nos ha privado durante más de cinco mil años.

Mi preciosa amiga Hannah Hammond (@wayfaringlabyrinth en Instagram) es facilitadora de laberintos, y lo que ella dice es: «No hay forma de que te equivoques al recorrer el laberinto. No te puedes perder: hay una entrada y una salida. En el laberinto, no hay razón para tener miedo».

Por eso, recorrer el laberinto es una oportunidad para despojarte –como la serpiente muda la piel– de todas las versiones de ti, de los relatos e ideas sobre quién eres, mientras caminas hacia tu propio centro y te encuentras allí contigo. (En el misterio).

Entra, desciende

Cuando llegué al centro del laberinto de Chartres, me senté. Portal con portal, vórtice magnético con vórtice magnético. Ahora, a la narradora que hay en mí, le encantaría contarte que allí ocurrió algo profundamente espiritual, revelador y transformador, pero no fue así. No pasó, literalmente, nada.

NADA. DE. NADA.

Esperé lo que me parecieron horas (aunque, en realidad, probablemente fueran solo unos minutos) y, la verdad, estaba un poco cabreada, para qué te voy a mentir.

Había ido hasta allí para..., bueno, NADA.

Me quedé sentada esperando a que me sobreviniera una experiencia espiritual similar a la que otros describen. La aparición milagrosa de María, algo así. Alguna clase de curación, al estilo de Lourdes. En realidad, si te soy sincera, lo que más quería, más que nada en el mundo, era que ELLA me invitara a acurrucarme en su regazo, que me acariciara el pelo y me susurrara al alma y a la psique palabras de amor mientras me envolvía en una manta calentita.

Pero cuando me encontré conmigo misma en el centro de Su centro, por supuesto no había nada salvo oscuridad, porque era exactamente eso lo que había en mi centro: absoluta y oscura nada.

Vi que había gente esperando a entrar en el centro del laberinto, donde yo estaba sentada, pero, antes de levantarme, instintivamente me puse una mano en el corazón, la otra justo debajo del ombligo y me atreví a inhalar profundamente hacia la oscuridad de esa nada, a hacerle una señal de reverencia a mi experiencia de la nada más absoluta (porque si algo soy es respetuosa).

Y fue *entonces* cuando oí las palabras «*entra, desciende*» EN mi vientre. (Lo que en general oigo y oímos son pensamientos y monólogos en la cabeza, pero ¿qué eran aquellas palabras pronunciadas desde mi propio vientre y mi cuenco pélvico?).

Esperé uno o dos latidos más, pero no, eso fue todo. *Entra, desciende.* (Quizá hasta me lo había inventado, porque *algo* era mejor que *nada*, ¿no?). Así que me levanté y empecé a salir lentamente del centro.

Cuando llegué a donde me esperaba el Vikingo, me puso una entrada en la mano. «Hay una cripta subterránea –dijo–. No suelen hacer visitas guiadas, pero va a haber una dentro de media hora. Parece ser que hay un pozo –sé cuánto te gustan los pozos– que es la morada de Notre-Dame-sous-Terre, Nuestra Señora del Subsuelo».

Entra, desciende. Así que entramos en la cripta, descendimos al interior de Su centro.

Su centro, mi centro

Aunque la catedral de Chartres está construida en un antiguo lugar de encuentro donde todos los druidas de la Galia se reunían anualmente para celebrar ceremonias, enseguida me di cuenta de que la guía que nos estaba enseñando la cripta no era lo que se dice una apasionada de lo esotérico y de que sus explicaciones iban a seguir siendo estrictamente M. C. (muy católicas).

Así que disimuladamente le di un codazo al Vikingo y le pedí que continuara el recorrido con el resto del grupo y fingiera interés por lo que la guía contaba, que le hiciera preguntas –o hiciera, en definitiva, lo que tuviera que hacer para tenerla distraída–, y poder quedarme atrás y pasar un rato a solas con mi centro en Su centro.

Recé una breve oración en el pozo de la cripta (donde hay un pozo, hay una fuente de energía primordial, y hoy sé que, según se cuenta, en ese lugar hubo en un tiempo una roca con forma de vulva, la vulva de la Diosa Madre, la fuente *suprema* de energía) y luego me senté junto a una estatua de Ella: la Virgen Ma. Notre-Dame-sous-Terre, Nuestra Señora del Subsuelo.

Me recordó a Sara la Kali,* la virgen negra, patrona del pueblo gitano a la que veneran los romaníes de todo el mundo y cuya estatua está igualmente bajo tierra, en la cripta de la iglesia de Saintes Maries de la Mer, un pueblo del sur de Francia. (Mi abuela tenía una foto de esa estatua de santa Sara la Kali al lado de la puerta de entrada y, cada vez que salíamos de casa, teníamos que frotarla todos para que nos diera suerte).

Bien, aunque Nuestra Señora del Subsuelo no me invitó a acurrucarme en su regazo, ni me acarició el pelo, ni me susurró al alma y a la psique palabras de amor mientras me envolvía en una manta bien calentita (¡es una estatua!), *sí* me dejó sentarme en silencio con ella, para que yo también pudiera *entrar* y *descender*. DENTRO DE MI CUERPO. A las profundidades de mi propio subsuelo.

Vi que muchos antes que yo le habían hecho peticiones a la estatua, pero a nuestra guía no le pareció oportuno que nuestro grupo lo hiciera. Así que, mientras el Vikingo la distraía, saqué un bolígrafo del bolso y en una

---

* N. de la T.: Cuenta la leyenda que María Magdalena llegó desde Tierra Santa a esta localidad huyendo de la persecución a los cristianos después de la muerte de Jesucristo. En el barco viajaban además las santas María Salomé y María Jacobé (de ahí el nombre de la localidad: Las Santas Marías del Mar), de las que era sierva una egipcia negra llamada Sara. Otra leyenda dice que Sara era la hija de María Magdalena y Jesús, que hacía de sirvienta para proteger su identidad. En una tercera tradición, se cuenta que Sara era una gitana, educada en la sabiduría esotérica de su pueblo, que vivía en la Camarga y se valió de sus dotes de magia para ayudar a María Magdalena y el resto de los viajeros a arribar a la costa gala.

página que arranqué de mi diario escribí: «Señora del Subsuelo, esta es mi verdad más profunda, la que late en lo más profundo de mi vientre...». Sí, le escribí a escondidas una nota de amor desde mi centro, lloré un poco y luego la deposité discretamente en Su centro.

En aquel momento no lo sabía (rara vez sabemos estas cosas en el momento, ¿verdad?), pero la muerte de mi madre había puesto en marcha un nuevo ciclo. Aunque entonces no lo supiera, ¿cómo hubiera podido no ser así? Un ciclo que me llevó a recorrer el primero de muchos laberintos –reales, metafóricos e imaginarios– y en el que la petición a la estatua de Nuestra Señora del Subsuelo iniciaría lo que en la actualidad es una dedicación, devoción y reverencia eternas a la Virgen Ma.

Conocida por mí (y a través de mí) como la Gran Maga y Señora de la Fuente.

La Virgen Ma como la Gran Maga y Señora de la Fuente

Sí, para mí, la Virgen Ma es la *suprema* Fuente de Magia y Sabiduría. Dondequiera que encuentres una estatua de la Virgen Ma, excava un poco (entra, desciende, ¿recuerdas?) y a menudo descubrirás que en ese lugar se veneraba una fuente de energía primordial mucho antes de que se construyera una iglesia encima. (De hecho, puede que descubras que esa es precisamente la razón por la que se construyó la iglesia).

Para algunos, la Virgen Ma representa a una madre con su hijo –una interpretación por la que siento un profundo y amoroso respeto–, mientras que para otros representa lo que el escritor francés Jean Markale expresa bellamente como «la virgen dando a luz sin cesar a un mundo... en perpetuo devenir». SUSPIRO.

Como escribí en mi libro *Bruja*, el significado de la palabra *virgen* NO es, ni mucho menos, el de una chica o mujer que nunca ha tenido una relación sexual. Muy al contrario de lo que nos han hecho creer, una virgen es *una mujer fiel a sí misma*, independiente, y su virginidad es su *libertad*: es la libertad que encuentra en ser fiel a sí misma y ser su propia fuente de energía y conocimiento, en conocerse a sí misma a través de su naturaleza cíclica y ser consciente de su capacidad de iniciar, de integrar; la libertad que encuentra en vivir en plenitud, con un corazón valerosamente abierto (sin importar cuántas veces se rompa) y en la más profunda sabiduría de que inevitablemente todo muere Y de que, en realidad, nada muere jamás. ¡Paradojas, ¿recuerdas?!

En su libro *Los misterios de la mujer: simbología de la luna*,* la escritora y psicoanalista Esther Harding decía: «La mujer que es virgen, completa en sí misma, hace lo que hace no por un deseo de agradar, ni de que se la admire, ni de que nadie apruebe lo que hace, ni siquiera ella misma; no por un deseo de tener poder sobre otros... sino porque lo que hace es de verdad».

Así que, cuando hablo de la Virgen Ma, no me refiero a ella como una madre maternal, aunque por supuesto es posible que lo sea y pueda serlo. Hablo de ella como la más pura esencia de lo que es Ser Fuente de Energía, Sabiduría y Magia para una misma:

- **Virgen** (una mujer libre, independiente, autónoma, sin ataduras).
- **Completa** (y por tanto sagrada).
- **Fiel a sí misma** (una mujer que se conoce, se ama, se cuida y se celebra).
- **Ma**, que está en perpetua transformación cíclica por el flujo y reflujo de la creación. Que sueña, crea y se da a luz a sí misma, que da a luz al mundo y al cosmos. Una y otra vez.

ESTA es su santa y verdadera naturaleza. NUESTRA santa y verdadera naturaleza de fiero amor a la madre.

---

* N. de la T.: *Los misterios de la mujer: simbología de la luna*. Barcelona, Obelisco, 2022. Esther Harding, alumna de Jung y primera psicoanalista junguiana en Estados Unidos, condensó toda la teoría psicoanalítica junguiana desde un punto de vista femenino.

RIFF DE ELLA — AÚLLA TU NATURALEZA SALVAJE

Desde la primera vez que solté un grito desde lo más profundo
de mi ser, han intentado calmarme, acallarme,
apaciguarme, censurarme, silenciarme.

La expresión más verdadera de quien soy
fue aullar mi naturaleza salvaje,
y el mundo la rechazó y la silenció.

Es una fuerza primigenia, que da miedo.

Me inculcaron y proyectaron en mí una
selección de ideas e ideales.

Cómo debo portarme.

Lo que debo decir.

Qué aspecto debo tener.

Para que no recordara ni reconociera ya mi naturaleza salvaje.

Y no supiera ya qué pensamientos eran míos.

Así que dejé que sus ideas se apoderaran por completo de mí
y las llevé puestas, como capas y capas de piel
áspera y rígida que no me dejaban moverme.

Las llevé puestas hasta que el agobio fue tan
insoportable que casi no podía respirar.

Me estaba asfixiando.

Así que empecé a arañar la superficie.

Rasqué tan fuerte que las ideas y las creencias
(de las que ninguna era mía) se me quedaron
incrustadas como tierra bajo las uñas.

Rasqué tan fuerte que casi llego al hueso.

Pero en lugar de hueso, debajo de todo,
lo que se reveló fui yo.

Desprotegida y desnuda.

Real y verdadera.

Dispuesta a aullar mi naturaleza salvaje.

¿Quién soy yo aquí?

Como mujer que ha desnudado su bajo vientre y ha hablado de labios va-ginales, vulvas, orgasmos y menstruaciones, de mujeres y del poder feme-nino en forma escrita durante más de una década, Y que está atravesando el vasto territorio de ser mujer justo a tu lado, Y que, por naturaleza, pre-feriría estar sentada debajo de un edredón, leyendo una novela romántica y comiéndose un pastelito, antes que mostrarse y expresarse en voz alta, delante de todos, no voy a hacerte creer ni remotamente que sea fácil, que sea cómodo y ni tan siquiera que merezca la pena.

Aullar tu naturaleza salvaje, mostrarte
como eres, expresarte de un modo que a
los demás no siempre les resultará
lo más «grato de oír» NO es fácil.

Pero lo que sé es que ES necesario. ¿El CÓMO? Bueno, eso depende principalmente de ti. De hecho, depende absoluta y categóricamente de ti. Tómate todo el tiempo que necesites para soltar, deconstruir e incluso llorar esas capas de hipnosis social, programación cultural y cuentos familiares. Ve a *tu* ritmo. No dejes que nadie te diga cuál es TU verdad.

Déjate caer. Húndete en tu corazón y luego déjate caer aún más hondo: en tu centro, en tu vientre, en tu cuenco pélvico, el receptáculo y caldero más sagrado de todos. Ponte una mano encima, si te ayuda a sentir con más fuerza su presencia, y pregunta: «¿Quién soy yo AQUÍ?».

Y sigue preguntando hasta que la voz que responda sea la TUYA.

Hasta que la voz que responda resuene clara y verdadera en los ríos y arroyos de tu ser.

NOTA: La artista Madonna, mi amor eterno, mi primer amor platónico y mi primera musa, tiene y tendrá siempre la frecuencia de la Virgen Ma. En su discurso de entrega de los premios Billboard 2016 dijo: «Me llamaron puta. Bruja. Me compararon con Satanás».

Recuerdo que mi madre me reñía por cantar a voz en grito la letra de «Like a virgin» a los ocho años. (No quería, o no podía, decir en voz alta lo que pensaba, pero quería y podía cantar las letras de Madonna).

Recuerdo que después, siendo algo mayor, mis amigas me pidieron *a mí* que entrara en unos grandes almacenes a comprar el primer libro de Madonna, *Sex*, porque yo era la única que se atrevía, la «valiente». Pero no era valentía, era orgullo. Estaba fieramente orgullosa de que existiera una mujer como ella. Una mujer en perpetuo proceso de autocreación. Que celebraba el sexo, que desafiaba al mundo entero y que no hacía lo que le decían.

Sí, me encanta la música de Madonna. Me sé palabra por palabra cada línea de *The Immaculate Collection*. Sí, me encanta por su inteligencia, su sexualidad, su talento y su franqueza. Pero sobre todo, la adoro, en todo el esplendor de sus picudas tetas cónicas, por ser, sin complejos ni disculpas, ELLA.

NOTA SOBRE LA NOTA: Y ya que hablamos de mujeres sin complejos, dediquemos un momento a la pintora (y una de las muchas mujeres de mi lista de amores eternos) Frida Kahlo. La menciono aquí porque una de sus obras, que está entre mis favoritas, el cuadro un tanto sobrecogedor *Mi nacimiento* –que en sus diarios Frida cuenta que retrata su propio momento de nacer– resulta que ocupa un lugar de honor en la colección de arte de Madonna.

No me digas que no te encanta cómo se enteteje espontáneamente el linaje de ELLA.

INVITACIÓN:
MIRA MÁS ALLÁ DE LO QUE «VES»

La mayoría de las veces que nos miramos al espejo, es solo nuestro reflejo lo que vemos en realidad (y principalmente para inspeccionar y constatar lo que nos han dicho e inculcado que son «nuestros defectos»).

✭ *Te invito a que te pongas desnuda delante del espejo –lo ideal es después de darte un baño o una ducha y con un gran corazón compasivo– y te mires de verdad.*

¿Eres capaz de hacerlo? ¿De hacerlo sin criticarte?
¿Eres capaz de mirar más allá de tu cuerpo y «ver» lo que hay ahí?

✭ *Mientras te miras, oye, nota, siente cada palabra, frase y definición que surja en ti. Pregúntate cuáles de esas palabras y definiciones son tuyas, y luego trata de reconocer cuáles te han adjudicado otras personas.*
Ahora dite a ti misma tres veces: «Me gustas, te honro y te respeto» (uso el verbo gustar porque quizá sea demasiado difícil empezar por el verbo amar, sobre todo si tu cuerpo ha sido anteriormente un campo de batalla y un lugar al que tú y los demás habéis insultado).

✭ *Quédate un poco más así. Ponte una mano en el corazón, respira hondo y declara en voz alta: «Me desprendo, con amor, de todos los calificativos, definiciones e identidades que me han mantenido encadenada a viejas ideas y paradigmas de la mujer que "supuestamente" debería ser».*

* *Ahora sacude el cuerpo, déjalo expresar cualquier sonido o ruido que salgan de él y date un gran abrazo de amor.*

...

Este no es un ejercicio que haces un día y ya está. Tendrás que hacerlo repetidamente. (El condicionamiento social y familiar es MUY PROFUNDO). No se trata de que intentes «arreglar» nada. Pero conocerte de esta manera, ir quitándote capa tras capa hasta llegar al hueso (lo cual SERÁ muy doloroso, pero quédate con lo que aparezca porque hay oro puro en los descubrimientos que harás), saber qué es tuyo (y tal vez decidas cambiar) y qué te ha «adjudicado» la sociedad (y es simple condicionamiento cultural y familiar) significa que puedes construir sobre la base de lo que es real EN tu cuerpo.

Ahora ya nada te pilla por sorpresa: conoces TODAS tus partes y empiezas a responsabilizarte de ellas. (También reconoces las proyecciones de los demás y eres cada día más experta en no aceptarlas como TU verdad y TU experiencia).

Esto crea plenitud. Y una mujer plena, completa en sí misma, es una fuerza.

Sé una fuerza. (De la naturaleza).

Aúlla tu naturaleza
salvaje.

El amor a la Madre (nuestra verdadera naturaleza)

No te voy a mentir, más de una vez he exclamado «cabrones matricidas, ¡joder!» con MUCHA rabia (*ya lo sé*, hablo como un carretero). Y es que la violación y el saqueo de Mamá Tierra y Sus recursos –la falta de respeto y total atropello a nuestro planeta– parecen ser, o son, DE VERDAD espejo de la forma en que los sistemas y estructuras patriarcales capitalistas dominantes han estado y están jodiéndonos a TODOS, especialmente a las mujeres y a la frecuencia femenina y todo lo que contiene; así que, en la mayoría de los casos, creo que mi uso de la expresión ES VÁLIDO.

Pero desde que murió mi madre, y desde el encuentro con la Virgen Ma en el centro de la Catedral de Chartres –en la Fuente, *como* Fuente– he estado en una misión de descubrimiento de Ma.

Un retorno.

A Ella. A mí misma. A mi centro.

Recorriendo el serpenteante camino hacia el centro del desierto que es vivir sin madre.

A ese espacio que existe en el centro de cada una de nosotras donde nos atrevemos a sumergirnos en la numinosa materia oscura de la NADA y nos encontramos allí con Ella como fuerza regenerativa y autorrealizadora. Ella como bálsamo. Ella como Fuente de magia y medicina. Un lugar y espacio que tiene la capacidad de contener poder, potenciarlo y dar a luz «perpetuos devenires».

La magia y la medicina intensamente vivas y poderosas que residen en el acto sagrado del fiero amor a la Madre (justo la antítesis de ser un cabrón matricida). La remembranza de que volver a Ella es volver a la Fuente: a mi, tu y nuestra propia y santa naturaleza.

En deliciosa devoción a Mamá Tierra

La desconexión entre nosotras, nuestro cuerpo, la naturaleza y la inteligencia cíclica y rítmica de todas las cosas hace que sea fácil olvidar lo poderosas y mágicas que somos. Formamos parte de un increíble sistema biológico y ecológico que es una deliciosa danza de conectividad. Con nuestro cuerpo. Con la Tierra. Las estaciones. La luna. El cosmos.

Es recibir el sol por la mañana y sentir en la cara sus rayos. Es bañarse en la luz de la luna llena. Es sentarse con la espalda apoyada en el tejo más viejo del cementerio.

Es poner los pies descalzos en la tierra y s e n t i i i r la presencia subterránea del micelio, la red que conecta todas las plantas y árboles del bosque.

Es inclinarse en profunda reverencia porque esa red tiene la capacidad de oír nuestra canción, leer nuestra energía, conocer nuestra frecuencia, y comparte luego esa información con todo el puto bosque.

Así que, para entrar de verdad, deja que todo tu cuerpo se distienda, se dulcifique y se enrede en una relación deliciosamente romántica y devocional con la Tierra, con la naturaleza.

Y tu frecuencia, tu canto de sirena, resuene con Su frecuencia y Su canto de sirena. SUSPIRO.

Invitación:
INCLÍNATE HACIA ATRÁS

Mientras escribo este libro –que, en definitiva, es un conjunto de todas las formas que se me ocurren de recordarnos a TODAS cómo vivir enraizadas, confiar en nuestro cuerpo y recordar nuestra magia–, en lugar de inclinarme hacia delante, me inclino hacia atrás. Totalmente hacia atrás.

Muchas nos pasamos el día inclinadas hacia delante, mirando la pequeña pantalla de un teléfono o un ordenador. Somáticamente, esto activa el «pensamiento de futuro», lo que significa que nos adelantamos en el tiempo y traemos al presente imaginarias situaciones futuras y las convertimos en un problema por el que preocuparnos; entramos en un estado de ansiedad por cosas que ni siquiera han sucedido todavía (bueno, al menos no en ESTA línea de tiempo).

En cambio, cuando nos inclinamos hacia atrás —y esto me lo enseñó Richard Strozzi-Heckler, fundador del Instituto Strozzi— y recostamos la espalda física, o incluso simplemente permitimos que la atención y el peso recaigan en la parte posterior del cuerpo, tenemos la posibilidad y la capacidad de acceder a tres mil millones de años de sabiduría, a nuestro sí-mismo ancestral. Puedes contactar con la sabiduría de tus antepasadas con solo reclinarte y confiar en la sabiduría de tu cuerpo. En la sabiduría de ellas. Nuestra sabiduría.

Te invito a que ahora, durante unos minutos, dejes que tu respiración sea profunda y rítmica y te recuestes. Puedes tumbarte en el suelo, en una cama o en la hierba; puedes apoyar la espalda en el respaldo de la silla, contra el tronco de un árbol…, lo que te apetezca. (Yo lo hago siempre que voy de visita al monumento neolítico de Avebury, en el suroeste de Inglaterra. Al sentarte con la espalda contra esas piedras milenarias… Tanta. Tanta. Sabiduría).

Ahora relájate sobre la espalda, entra en ella, en la parte posterior de los hombros, detrás de la columna vertebral y en la fascia de la espalda. Descansa así y escucha: ¿qué oyes?

…

Coraje (del de fiero amor a la madre)

Veamos, para ser la Maga —ELLA que es su propia fuente y existe en estado de perpetuo devenir— se necesita coraje; porque, *no sé si lo he comentado ya*, pero el encantamiento social es *muy fuerte*. De hecho, Estos Tiempos en los que tú, yo y cada una nosotras nos encontramos exigen no solo coraje, sino coraje de fiero amor a la madre.

Hablo de una clase de coraje que nace de retornar a la fuente de la materia. (De la materia oscura esencial. Porque TÚ eres esencial). De confiar y amar con todo tu ser a la Gran Mamá y reconocer que ERES reflejo directo de Ella y de todo lo que Ella es.

A menudo, nos sentimos tan abrumadas por la experiencia cotidiana de sortear los obstáculos de un mundo que no está hecho para seres cíclicos y sensoriales como nosotras –un mundo en el que la guerra, la codicia, la desconfianza y los juicios son las fuerzas dominantes– que no es de extrañar que nos disociemos, nos alejemos y nos volvamos, conscientemente o no, un poco escépticas y sarcásticas y desconfiemos de todo.

Por eso el *hambre*, la necesidad esencial de estar en contacto con nuestra santa y verdadera naturaleza de amor a la madre, nuestro anhelo de alimento, rara vez se sacia. Si vivimos atrapadas a cada momento en una respuesta de estrés, el cuerpo sencillamente no da prioridad al alimento porque no se siente lo bastante seguro como para recibirlo. Sin embargo, como la maga que eres, reconoces que PUEDES desconectarte y desenredarte del encantamiento social (que quiere que estemos siempre ocupadas, abrumadas y estresadas).

Reconoces que *siempre* tienes elección. Y cuando eliges *b a j a a a r* el ritmo, cuando eliges *s e n t i i i r*, empiezas a crear en ti la capacidad de regular tu sistema nervioso. Y cuando hay en ti suficiente capacidad de regulación, las señales de hambre tienen a dónde retornar. Es así. Cuando salimos del estado de pura supervivencia que creíamos inevitable, lo que hay debajo de todo tiene espacio para revelarse, y el estómago empieza a rugir por lo que REALMENTE quiere y necesita.

RIFF DE ELLA – REVOLUCIONES DEL CORAZÓN

Eres una fuerza de la naturaleza.

Energizada por la Fuente.

En el mundo actual ingeniado para «provocarte» y «activarte»,
a ti –sí, a ti– la vida te importa, ¡JODER que si te importa!,
y te entregas de lleno, pero tienes MUY claro
a qué y a quién.

Cuando recuerdas y reconoces que tienes los pies
firmemente plantados en Mamá Tierra, que estás
enraizada en el presente. Y desde ese lugar tienes acceso
a todo lo que ha sido y a todo lo que está por venir
(antiguo-futuro) puedes confiar en que SABES.

Sabes que apresurarte, juzgar, hacer,
reaccionar NO es lo que se requiere.

Herramientas obsoletas de un paradigma caduco.

Date un segundo. Date dos, tres.

D e s p a a a c i o. Respira. Recibe.

Ahora... responde. Sabiendo que Lo que Viene a Continuación
está infundido
de la magia y la medicina de tu saber directo.

Porque, como dijo mi eterno amor, el poeta sufí
Rumi: «En un lugar más allá de las ideas de lo que está bien
y lo que está mal, hay un jardín».

Te invito a que allí nos encontremos. Es un jardín en el que
hay espacio para los matices.
Para las opiniones contrapuestas.
Para múltiples posibilidades. Todo a la vez.

En un mundo que nos mete miedo a cada instante a todos
para tenernos presos en el radicalismo del «nosotros y
ellos», es un acto de coraje no juzgar ni reaccionar.

Es un acto de coraje ser generosa con tu corazón y
dejarlo expandirse rebosante de posibilidad. Para que puedas
dejarte caer en las profundidades de tu paisaje subterráneo,
sumergirte debajo de todo y «ver».

Es un acto de coraje confiar en tu cuerpo y en que
la claridad de su saber
te ayudará a responder como corresponde.

ESTO es un arte
e iniciará
AUTÉNTICAS revoluciones directas desde el corazón.

Ten el coraje de elegir el amor

Nos han contado que hace falta tener coraje para «luchar» o ser «intrépidas», pero yo creo que coraje es lo que hay que tener para elegir el amor. Porque elegir confiar en Ella, amar a la Gran Ma, la Fuente, en medio de la tristeza, el duelo, el sufrimiento, la rabia, el peligro, el miedo y la intimidación significa saber lo que es quererte de verdad y confiar en *ti* en medio de la tristeza, el duelo, el sufrimiento, la rabia, el peligro, el miedo y la intimidación. Oigo decir con frecuencia que esto de «elegir el amor» es utilizar la espiritualidad como vía de escape. Y lo entiendo, porque en muchos casos es una elección solo de boquilla. Pero tener *el coraje* de elegir el amor NO es una evasiva. Ni mucho menos.

Obviamente, los detalles serán distintos para cada una de nosotras, pero para mí ha significado aprender a confiar en mí y en mi cuerpo como mi espacio seguro. Confiar en que, pese a estar a veces muy cerca de ceder a la tentación, ya no me abandonaré ni me daré por vencida. Confiar en que ahora estoy a salvo y puedo dejar que caiga la armadura protectora y salgan de mi vientre los rugidos de lo que es real, de mi verdadera naturaleza, y sean ellos las señales y las pistas de lo que en verdad necesito, quiero y deseo para no conformarme más con sobrevivir y empezar a prosperar (y florecer y seguir floreciendo).

El verdadero coraje es el de un par de buenos
ovarios, porque está abonado con amor y
profunda confianza en la Fuente.

Así pues, la conexión con la Fuente (aun recordando y reconociendo que la Fuente ERES tú) crea raíces consistentes y sagradas. Y si te sientes enraizada, te sientes fuerte. Y si te sientes fuerte (y no me refiero necesariamente a fuerza muscular, sino a tener la capacidad de contener y mantener tu energía, tu magia y tu poder), confías en que sabrás tomar en cada momento una buena decisión, la decisión correcta.

Y si confías en que sabrás tomar en cada momento la decisión correcta, puedes afrontarlo todo: la vida, las relaciones y todo lo complicado, doloroso, incómodo y temible (y también lo delicioso, placentero y jugoso), infundida de compasión y un coraje asentado con fiereza en el santo amor a la madre.

Prudencia, discernimiento y astucia

Y aquí es donde puede producirse un VERDADERO avance. Porque el auténtico coraje, que emana directo de la Fuente, no consiste en ser «intrépida» ni en meterte en ninguna situación a ciegas, sino en quererte y confiar en ti lo suficiente como para elegir la vía correcta: para ti, para tu familia o comunidad, para el colectivo. En ESE orden. Y en fin, para eso hacen falta prudencia y discernimiento. En ESTE orden.

Si te soy sincera, lo de la prudencia no es algo que me resulte fácil; me lo tomo como un ejercicio de superación. Principalmente porque siempre había dado por hecho que, cuando alguien me decía «sé prudente», en realidad estaba intentando, con elegancia, «domarme el fuego». Me GUSTA ser ardiente. Me GUSTA ser capaz de expresar mi rabia, y se me da de puta madre. Veo a muchas mujeres –y trabajo con ellas– que han reprimido su ira por todas las consabidas razones patriarcales-culturales-sociales, así que SÉ que para algunas es un problema, pero no es una dificultad que yo haya experimentado muy a menudo en mi vida.

Kali Ma, diosa del tiempo y de los ciclos (y de quemar la mierda y poner patas arriba cualquier sistema anquilosado de mierda: mi título no oficial para Ella, que le doy con TODO mi amor), Ella y yo, digo, hemos luchado en el barro, las dos con la lengua fuera, aullando nuestra naturaleza salvaje y nuestra rabia y frustración para despejar el camino y catalizar juntas el cambio durante vidas, según parece. Así que expresar mi rabia NUNCA ha sido un problema. Pero ¿contenerla? Pues sí. ¿Evitar que haga daño a alguien? Sí, eso también ha sido un problema.

Cada vez que alguien se quejaba de mis explosiones de rabia descontroladas, escribía en mi diario: «SOY lo femenino en acción, no te ATREVAS a intentar domarme». Pero lo que ahora SÉ es que la prudencia me permite discernir, y discernir consiste ENTERAMENTE en tener agudeza de percepción; es una forma de astucia.

Veamos, la *astucia* –otra palabrita que tiene connotaciones negativas y que a menudo se utiliza de forma despectiva para describir a una mujer que utiliza «sus artes femeninas» para anular el automatismo de una situación patriarcal y tomar el control– tiene en realidad sus raíces en la conexión con la Fuente: una mujer astuta era una mujer que *conocía* su magia femenina.

Astucia es SABER que tienes el poder de crear fuego y que puedes quemar con él toda la mezquindad y asquerosidad que te salga al paso, pero es también SABER que, si contienes ese fuego y usas tu cuerpo como receptáculo en el que magnetizarlo y amplificarlo y moldearlo y encauzarlo, puedes usarlo entonces con dirección y claridad. No domes tu fuego; mejor, aprovéchalo y haz uso de él con una intención clara.

NOTA: No estoy diciendo que esto sea fácil, y decididamente NO es algo que siempre me salga bien. Por eso lo considero un ejercicio de superación.

Invitación:
CONTENLO, NO LO DOMES

Si estás viviendo en estos momentos una situación que te provoca un estado reactivo, que hace arder vivamente el fuego dentro ti pero no tienes ni idea de cómo «controlarlo», «domarlo»... En realidad, ¡y una mierda!, ¿por qué ibas a querer domarlo? Si quieres RUGIR de rabia por la injusticia de todo lo que ves a tu alrededor, te entiendo.

Estoy TOTALMENTE a favor de que nos expresemos PLENAMENTE. Sin embargo, soy cada vez más consciente también de que, aunque hay momentos para la rabia de Kali Ma –cuando nos sale la carta de la Torre en el tarot y lo quemamos todo hasta los cimientos–, hay otros momentos en los que podemos contener el fuego, nos convertimos en receptáculo para él, lo potenciamos y a continuación elegimos con intención a dónde dirigirlo.

✶ *Pregúntate: «¿Qué me está provocando reactividad ahora mismo? ¿En qué parte del cuerpo la siento?».*

✶ *Ahora, inhala. Retén el aire mientras cuentas hasta cinco, luego suéltalo despacio, haz una exhalación larga y sonora, y pregúntale a ese lugar y espacio de tu cuerpo si es capaz de contener esos sentimientos reactivos. Si puedes, deja que estén presentes EN tu cuerpo sin hacer NADA con ellos.*

✶ *Inhala de nuevo, retén el aire hasta contar hasta cinco y suéltalo de nuevo despacio, en una exhalación larga y sonora.*

Estamos simplemente probando en nuestro cuerpo la posibilidad de NO reaccionar, viendo si es posible y jugando a ver cómo de expansibles somos.

...

El verdadero coraje

El paradigma en el que vivimos actualmente nos tiene atrapados a hombres y mujeres en un perpetuo estado de miedo; todo se ha convertido en un «enfrentamiento» o una «batalla» que piden *necesariamente* una «reacción». Un paradigma en el que se nos incita a poner la atención en lo que nos separa, y no en lo que tenemos en común.

A grandes rasgos, lo que pretende este encantamiento social es que rechacemos nuestro poder individual y renunciemos a nuestra santa y auténtica naturaleza instintiva para que se nos acepte como «niñas buenas». Pretende que ignoremos los rugidos de nuestro vientre y el saber intuitivo que ve lo que hay debajo de todo y demos la «imagen» de ser señoritas educadas, complacientes y acomodaticias.

Así que, aunque sería MUY fácil decir y hacer lo que nos dicen que es «lo correcto», y reaccionar a todo lo que está ocurriendo en estos momentos en nuestro mundo, tanto personal como colectivamente –todo lo que es real y espantoso Y todo lo que está envuelto en humo y proyecciones ilusorias–, en realidad es un acto de fiero coraje reconocer la posibilidad y la capacidad de magia que entraña *tu* poder de discernimiento.

- ¿Y si el verdadero coraje está en parar, conectar con la fuente, confiar, discernir y LUEGO responder?
- ¿Y si el verdadero coraje está en crear y amar a pesar del miedo, el dolor y la ira, en vez de luchar?
- ¿Y si el verdadero coraje está en elegir amar con fiereza y cultivar la compasión, en vez de en hacernos la vida difícil las unas a las otras?
- ¿Y si el verdadero coraje está en que cada una de nosotras confíe en sí misma? ¿Y si en vez de dejar que el miedo, el dolor y la rabia nos consuman, nos silencien, nos hagan reaccionar y tomar represalias, nos paramos, conectamos con nuestro poder y nuestra magia, elegimos ocuparnos de la mujer que somos, de nuestras necesidades, de nuestros deseos, y cada una de nosotras se trata a sí misma con amor..., sin eludir ninguna responsabilidad, pero ante todo eligiéndonos cada una a nosotras mismas, eligiendo el amor?

NOTA: Te darás cuenta de que aquí, en nuestro burbujeante caldero de alquimia, hay muuuchas más preguntas que respuestas. No intentes descifrar nada de esto con tu mente pensante. *La magia eres tú* es una invitación a que sientas y cartografíes tu experiencia, tu medicina y tu magia A TRAVÉS de tu cuerpo. Sí, esto es un libro Y es una investigación y un proceso vivos en tiempo real.

ৡ TÚ, conectada a tu propia fuente ৡ

TÚ, que *d e s p a a a c i o*, con amor y compasión, te desenredas y te liberas del encantamiento social.

TÚ, que recuerdas tu naturaleza y escuchas tu canto de sirena.

TÚ, que entablas una relación íntima con tu cuerpo y su sabiduría innata para el resto de tu vida.

TÚ, que reconoces y honras la energía y el poder de tu cuenco pélvico como caldero alquímico.

TÚ, que cultivas el coraje (el que tiene sus raíces en el amor más fiero) para sumergirte por debajo de todas las apariencias, para aullar tu naturaleza salvaje, cantar tu canto de sirena y retornar a tu verdadera naturaleza.

¡Contén,
no domes,
tu fuego!

SEGUNDA PARTE

Confía en tus instintos

*Retorna al templo, recupera
lo que sabes y que tu
corazón sea tu brújula.*

Llévame al templo

Hubo un tiempo (como también tú sabes, en la sangre y en los huesos) en el que los templos sagrados dedicados a las artes femeninas –ceremonia, observación planetaria, danza, canto, himnos, rituales de muerte, de nacimiento, de duelo, de sexo, de curación– eran espacios y lugares donde conectarse activamente con la energía primigenia.

Cuando tomamos la determinación de permitir que se revele en nosotras lo auténtico y salvaje, al empezar a retornar a nuestro cuerpo como tierra sagrada y fecunda activamos EN él un profundo e instintivo recuerdo del templo. Los detalles de esa remembranza serán distintos para cada una de nosotras, así que, mientras te cuento lo que *yo* recuerdo, te invito a que te relajes y dejes aflorar lo que TÚ recuerdas, mientras retornamos TODAS al templo.

Más allá de las palabras

Dado que estás aquí, intuyo que, como yo, también tú sientes que no siempre hay palabras para expresar y explicar plenamente una situación. Lo que sientes y experimentas va *más allá* de las palabras: son sensaciones que quizá ni siquiera tengan nombre todavía.

Aunque no es fácil que nuestro yo mundano, que solo quiere «ser un ser humano normal», reconozca esto como una valiosa aptitud, eso es en definitiva: una experiencia profundamente femenina (todos los géneros pueden acceder a ella, pero he visto que se presenta con mucha fuerza en las mujeres) que nos llama a confiar en nuestro saber corporal más profundo y su naturaleza oracular.

Por otra parte, si te cuesta mucho retener información, si eres más bien la clase de mujer que «siente» las cosas en el momento, una lectora de Mamá Tierra y del «campo de energía», en lugar de alguien que tiene siempre presente lo que aprendió en el colegio y lo que ha leído en los libros, es posible que este sea un don, una facultad, o un puto incordio (dependiendo de cuál sea la experiencia de cada momento), que esté ya vivo en ti.

Yo solía planificarlo todo. Llenaba de notas hojas y hojas antes de dar una charla o dirigir un taller; a veces, escribía cada palabra que iba a decir. Luego, cuando subía al escenario, o me sentaba delante de un círculo de mujeres, *sentía* la energía de quienes estaban presentes y espontáneamente empezaba a trabajar con la frecuencia energética de lo que estaba sintiendo y experimentando, en lugar de tener en cuenta las notas que con tanta meticulosidad había escrito.

Ahora bien, *confiar* en lo que sientes y experimentas puede ser muuuy confuso si...

A. No sabes cómo entrar en tu cuerpo y acceder a su voz y su sabiduría oraculares o no confías de verdad en ellas.

B. Como yo, tiendes a querer «controlar» las cosas. Paradójicamente, no ser capaces de controlar las cosas es justo el motivo de que muchas seamos *tan* controladoras: DESEAMOS desesperadamente que nos consideren personas de mente ordenada, capaces de recitar las fechas o la información «correctas» y comunicarnos con la mayor concisión. Y la realidad es que... no podemos (bueno, a menos que seas virgo. *Guiño*). Yo incluso hice ¡ni te imaginas cuántos cursos de oratoria y de planificación de talleres para poder ser ESA persona!... y, qué se le va a hacer, no lo soy.

Vidas pasadas, esta vida

En un tiempo lejano, experimentábamos un saber que estaba más allá de las palabras. Y teníamos acceso directo a los cantos y fórmulas mágicas (nuestro canto de sirena, nuestros tonos, nuestras notas, nuestras frecuencias sanadoras) para moldear, dirigir y crear la realidad. Y mientras te hablo de esto, probablemente afloren en ti...

Recuerdos de tiempos en que cantabas mirando al agua y la veías cambiar de cualidad y de forma y danzar ante ti. Cuando tus palabras y tu canto, en comunión con la Fuente, creaban realidades enteras. Cuando los miembros de tu comunidad acudían a ti para escuchar la sabiduría oracular que expresabas directamente desde lo más profundo del caldero alquímico de tu vientre y tu cuenco pélvico.

Y estoy casi segura de que, muy poco después, recordarás también por qué *no* te has sentido muy tentada a hacerlo en *esta* vida. Yo de niña estuve muda durante muchos años: no me atrevía a hablar. Ahora sé que ha habido vidas en las que me cortaron la lengua y me destrozaron a hachazos la mandíbula por hablar de mi magia y mi medicina.

Y cabe la posibilidad de que, en algún momento y lugar de las vidas y líneas de tiempo que *tú* has vivido, también a ti se te castigara por hablar y cantar de esa manera y desde *ese* lugar. Puede que te hayan interrumpido con desprecio cuando intentabas decir algo, te hayan tratado con condescendencia, te hayan mandado callar, te hayan insultado, te hayan troleado o bloqueado en Internet o te hayan silenciado de la forma que sea, verbal, psicológica o físicamente. Y que tú también hayas tenido miedo: miedo de que sea peligroso hablar, escribir, compartir, cantar nuestra canción original y verdadera, que es en realidad nuestra medicina para el mundo.

Tú, yo y cada una de nosotras vivimos en una cultura a la que le conviene que NO oigamos NUESTRO canto de sirena, o no le prestemos atención, o no confiemos en él. Porque si tú, yo y cada una de nosotras tuviéramos el santo coraje de confiar en él, y a partir de ese instante hablar y cantar y vivir NUESTRA verdad, TODO se vendría abajo. TODO. ABSOLUTAMENTE. TODO. Los constructos y sistemas patriarcales que intentan a toda costa mantenernos adormecidas para que seamos dóciles, buenas y obedientes se derrumbarían TODOS.

Pero, claro, para esa parte de nosotras que está condicionada a ser la «niña buena», la idea de deconstruir todo lo que está jodiéndonos la vida..., en fin, es inimaginable. Se ha creído el cuento de que estos constructos y sistemas «nos protegen y nos cuidan para que vivamos tranquilas»; el cuento de que es aquí adonde pertenecemos. Pero ¿podemos vivir *tranquilas* en un sitio en el que no se nos permite tener curiosidad ni expresar lo que para nosotras es real y verdadero en cualquier momento dado (ni sentir que podemos tranquilamente cambiar de opinión sobre lo que sea)?

Por eso me parece TAN importante que todas tengamos la posibilidad de contar con espacios, círculos y herramientas que nos ayuden a explorar e investigar nuestros pensamientos y sentimientos, y a expresarlos sin que nadie nos juzgue o nos llame la atención y sin tener que dar explicaciones. Creé el Colectivo SHE Power PRECISAMENTE por esto (es una comunidad que funciona a través de Internet y en la que te invito a que participes: www. thesassyshe.com/shepowercollective).

Eternamente en proceso

Estamos *en* proceso, y ese proceso no tiene por qué contener siempre una «enseñanza» o el mensaje para un meme, pero *sí* debe ser honrado.

¿Por qué? Porque nos dará fuerzas.

Porque hacerlo nos ayudará a remembrar (ya sabes, todo lo que sabíamos antes de que olvidáramos).

A. P. (antes del patriarcado).

Cuando éramos oráculos.

Cuando confiábamos en nosotras mismas.

Cuando confiábamos en nuestra sabiduría.

Cuando confiábamos en nuestro poder.

Cuando nadie nos humillaba ni nos miraba por encima del hombro o nos hacía sentir que estábamos dando la nota por tener voz y opiniones propias.

Cuando no teníamos que dudar de nuestras aptitudes o nuestra cordura ni preocuparnos por lo que los demás pensaran de nosotras.

Cuando nos apoyábamos unas a otras y escuchábamos con compasión y respeto las experiencias de las demás.

Cuando decíamos la verdad sin pedir disculpas.

**Lo que el mundo necesita urgentemente
–y, maldita sea, lo que yo necesito
urgentemente– es que
compartamos nuestras experiencias,
nuestra medicina y lo
«real» que se nos revela sin fin (toda
nuestra cruda, desprotegida,
anárquica y gloriosa verdad presente).**

No la «verdad» de la «niña buena», que dice lo que «piensa» que los demás quieren que diga, para caerle bien a todo el mundo y que todos la acepten. No un discurso ensayado, de frases ingeniosas y concisas planeadas al milímetro. No un calco de la verdad de otros. Sino lo que para TI es verdad. En ESE momento.

TÚ eliges cómo usar y compartir tu voz. (De hecho, TÚ eliges cómo usar y compartir tu arte, tu plenitud, tu rabia, tu silencio, tu quietud y tu alegría también). ¡Por el amor de la Diosa!, no dejes que nadie te diga CÓMO te debes mostrar. Sé TÚ –tu verdad, tu voz– la única autoridad sobre tus actos.

SUGERENCIA PARA TU DIARIO

¿Qué s i e e e n t e s al contemplar la posibilidad de expresar lo «real» que se te revela a cada instante?

¿Te da miedo la idea de hablar y expresar tu verdad? ¿Sabes cuál es tu verdad en este momento? (Tranquila, si no lo sabes; para eso estamos juntas en este espacio, en este caldero de posibilidad: para explorar y experimentar en nuestro interior).

La maldición de Casandra

Tal vez la idea de decir la verdad –lo que es verdad para ti– y de cantar *tu* canción te traiga a la mente la maldición de Casandra. ¿Conoces este mito de la antigua Grecia? Cuenta que Casandra era una hermosa doncella de cabellos llameantes, e hija además del rey de Troya, por lo que es comprensible que el dios Apolo la quisiera enamorar. Se encaprichó MUCHO de ella. Tanto que, para «cortejarla», le «concedió» el don de la profecía.

Sin embargo, lo que muchas versiones de esta leyenda «aptas para menores» no mencionan es que, a cambio, nuestro hombre Apolo quería favores sexuales. Lo que tampoco mencionan es que Casandra –una maga, una de las nuestras– no era una mujer acostumbrada a hacer sin más ni más lo que le decían, y rechazó sus avances.

Apolo se enfureció con ella y convirtió el don de la profecía que le había «concedido» en una maldición. (¿Mi interpretación personal de la historia? Casandra ya era una poderosa profetisa y por eso Apolo se sintió atraído por ella. Ella no quiso enrollarse con él, así que, en un acto de la más pura venganza por su orgullo penosamente herido, envió a su equipo de relaciones públicas por todo el país en una campaña para avergonzarla como profetisa. Se aseguró de que nadie la creería y convirtió así el don que era de ella desde un principio en una «maldición»).

Y funcionó, porque, a partir de entonces, a Casandra se la tachó siempre de «loca» por las cosas que auguraba; tanto es así que casi todos los mitos de la antigüedad griega que hacen referencia a ella dicen que estaba «pirada». Por tanto, NO es de sorprender que, incluso ahora, en este tiempo y espacio, cuando decidimos expresar nuestra voz y nuestra magia, también nos tachen de «locas».

Nuestras habilidades, dones y talentos naturales –sentir, intuir, ver, experimentar las sutilezas de las energías, transmutar en nuestros cuerpos con nuestra magia innata– suelen menospreciarse diciendo que son pura «fantasía» o que nos los inventamos. Así que ¿es de extrañar que no nos atrevamos a confiar en nosotras mismas, en nuestro cuerpo y en nuestra magia? ¿Que no te atrevas a anclarte en el centro de tu verdad, de tu propia sabiduría, de tu propia medicina?

En un mundo en el que nos han enseñado
que alguien, quien sea, sabe
SIEMPRE más que nosotras o qué
es lo mejor para nosotras,
elegir NO delegar en otros el poder sobre nuestra vida,
y NO renunciar a nuestra magia y nuestra medicina,
puede ser difícil o auténticamente problemático.

Cada vez que veo «aplacar» la rabia de una mujer porque se la considera «excesiva» y un poco... como si estuviera borracha o fuera idiota, o veo que se ignora o se desprecia su saber instintivo, o que se le dice lo que debe hacer y cómo deber ser y qué ropa debe ponerse para encajar...

Solo quiero recuperar nuestro templo.

Para que podamos reunirnos y ayudarnos unas a otras a conectar con nuestro cuerpo y nuestra magia como glorioso paisaje ceremonial que sea reconocido, respetado y venerado de una puta vez. ¿Es mucho pedir?

Estás eternamente
en proceso
(y progreso).

Conoce a la pitonisa

Mi retorno al templo empezó cuando respondí a la llamada de entrar y descender. Te invito a que hagas lo mismo. Entra, desciende, al centro de *tu* verdad, sabiduría y magia, y conoce a la pitonisa.

Bien, no creo que te sorprenda saber que la palabra *pitonisa* se utilizó en un tiempo, y no precisamente en sentido elogioso, para nombrar a una mujer que hablaba desde el fondo de su vientre, habilidad que Joseph Glanvill, escritor, filósofo y clérigo del siglo XVII, declaró que era «igual de inaudita que cualquier cosa de brujería».

Qué otra cosa hubiera podido decir.

Reclama tu centro

Y lo mismo que todas las demás palabras que se han utilizado contra nosotras, la palabra *pitonisa* entraña poder. Así que te invito a reclamarla y, mientras lo haces, a entrar y descender. Recupera tu centro, tu vientre, tu cuenco pélvico, tu saber, tu voz, tu capacidad de «ver» lo que expresas con palabras y luego crearlo.

La pitonisa es la voz que reside en lo más profundo de
tu vientre, enroscada en tu cuenco pélvico. Es una
fuerza primordial, creativa, una energía
primigenia que está generando ni más ni menos
que el planeta entero y que vive
dentro de ti, en TU centro.

Es real y es mítica. Y *sabe*. Lo sabe TODO. ABSOLUTAMENTE. TODO. Es gnosis. Aunque el término griego *gnôsis*, o conocimiento de las verdades espirituales, se relaciona a menudo con las primeras enseñanzas cristianas, es MUCHO más que eso: es un saber místico visceral y profundo. Es conocimiento divino.

Es Lilith (para algunos, la «desobediente» primera esposa de Adán, que fue desterrada del Jardín del Edén porque se negó a ser «sumisa»; para otros, una «demoníaca» figura folclórica; para MÍ, mujer fiera y real escalofriantemente poderosa).

Porque sabe que NO responder a sus anhelos e instintos destruiría literalmente su magia, los frutos de su vientre, los frutos de Mamá Tierra. Lejos de ser la serpiente del «engaño» y la «tentación», como nos han hecho creer, es indómita y no pide disculpas. Es sabiduría y liberación.

Ahora bien, Lilith se ha llevado una dosis de difamación nada desdeñable, aunque Casandra, María Magdalena, Hécate (la diosa griega de la oscuridad y la brujería) y Madonna estén INDUDABLEMENTE ahí arriba con ella en la Hermandad de las Difamadas (¿no te parece el nombre, insuperable, para un grupo musical de chicas?), y *sabe* el santo coraje y la responsabilidad que hacen falta para elegir.

Y siempre es una elección plantarles cara de una vez por todas a los cuentos que nos han contado (los que llevan circulando desde hace..., no sé, más de cinco mil años). Porque, la verdad, están empezando a ser ya un puto muermo. Cuentos como...

Claro que puedes tener voz; aunque, eso sí, debes usarla para decir cosas agradables y asentir a todo.

Claro que puedes tener voz, pero cuida de que tus palabras sean de buen gusto y no ofendan a nadie.

Claro que puedes tener voz, pero no hables DEMASIADO ni DEMASIADO alto, ¿de acuerdo?

¿Te atreves a morder la manzana?

La pitonisa quiere que tú, yo y cada una de nosotras mordamos la manzana, que devoremos la manzana, que saboreemos la manzana y que el placer de saborearla sea tan, tan intenso que nos DÉ el santo coraje para elegir nuestro saber –nuestra sabiduría y nuestra magia innatas– por encima de la ilusión de «ser buenas», «perfectas» y «correctas».

¿Te atreves a morderla? ¿La fruta prohibida del árbol del conocimiento del bien y del mal que la serpiente (que, en mi versión favorita de la historia bíblica, era en realidad Lilith) ofreció a Eva en el Jardín del Edén? En el cuento de *Blancanieves*, la manzana es la fruta «envenenada» que la reina ofrece a Blancanieves para que le dé un mordisco. Y cuando cortas una manzana por la mitad, se revela un pentagrama, una estrella de cinco puntas, la forma en que el planeta Venus se muestra en el cielo durante los ocho años de su ciclo.[*] Olvida todo lo que te han contado: la manzana es un portal INICIÁTICO a los misterios femeninos.

∞ Ritual: conecta con la pitonisa ∞

Ponte cómoda a la luz de la luna llena (puedes hacer este ritual en cualquier momento, pero la luna llena SIEMPRE añadirá un poquitín de embrujo a la ocasión). Lo ideal es que te sientes con la espalda erguida y las plantas de los pies conectadas a Mamá Tierra.

Qué vas a necesitar

Una manzana.

Qué hacer

Invoca a *tu* pitonisa devorando la manzana de ocho mordiscos lentos, desafiantes e intencionales.

✭ Con cada mordisco, conéctate y encuéntrate contigo. A continuación, establece una intención en cada uno de los chakras:

---

[*] N. de la T.: El año de Venus dura 224,8 días terrestres. Curiosamente, trece años venusinos coinciden (casi) exactamente con ocho años terrestres: $13 \times 224,8 \simeq 8 \times 365,25 = 2922$. Es decir, cada ocho años (2.922 días), Venus y la Tierra se vuelven a encontrar en la misma posición en sus órbitas. Se llama a esto resonancia 13:8. En https://guillermoabramson.blogspot.com/2022/06/los-petalos-de-venus.html se puede ver una imagen del fenómeno. En la tercera parte del libro hay un capítulo dedicado a Venus.

Corona: «Pido tu apoyo para conocerme y conocer mi autoridad como maga, como reina autoproclamada».

Garganta: «Pido tu apoyo para conocerme y expresar mi verdad».

Corazón: «Pido tu apoyo para conocerme y confiar en mi corazón y en su capacidad de amar».

Plexo solar: «Pido tu apoyo para conocerme y confiar en mi poder».

Sacro: «Pido tu apoyo para conocerme y permitir que el placer y el eros estén presentes siempre».

Raíz: «Pido tu apoyo para conocerme y saber que aquí, en mi cuerpo, independientemente de lo que esté pasando en el mundo, soy mi propio espacio seguro y sagrado».

Entra, desciende.

✭ Después del octavo mordisco, inhala, retén la respiración y, al exhalar, haz un largo sonido como el de una serpiente: «sssssssss». (En los tiempos de los templos, las sacerdotisas de la diosa Isis —la gran diosa madre egipcia que representaba la curación, la fertilidad y la magia— repetían su nombre una y otra vez alargando la última sílaba, como el siseo de una serpiente, el sonido sagrado de Ma. El sonido de la Fuente de magia que eres). Deja que el sonido sssssssss acompañe a la exhalación hasta el final, que fluyan juntos hasta que la respiración se detenga brevemente al final de la exhalación, y luego repítelo. Hazlo tres veces o trece (y ten en cuenta que el sonido y la sensación, su intensidad y lo que evoquen en ti variarán dependiendo del sitio donde estés, la hora del día, la fase lunar y los sentimientos que haya de fondo en ese momento).

✭ A continuación, ponte de pie o continúa sentada (lo que prefieras) y empieza a mover con suavidad las caderas. Colócate si quieres una mano en cada cadera y *d e s p a a a c i o* empieza a rotarlas suavemente, a hacer movimientos ondulantes —bucles, ochos—, a moverlas adelante y atrás para agitar el caldero alquímico. Crea movimiento en el cuenco pélvico, en la totalidad del cuerpo fluido. Si tienes las manos en las caderas, no las utilices para guiar los movimientos: están ahí puestas para que tengas conciencia de tu cuerpo, nada más. Luego deja que lentamente la pitonisa despierte en ti y TE mueva.

Puedes hacer esta práctica tanto tiempo como sientas que tu cuerpo está a gusto, jugoso, pero te sugeriría que la hagas entre cinco y nueve minutos y luego te sientes o te tumbes y dejes que tu cuerpo disfrute una deliciosa pausa. Mientras descansas, toma conciencia de los sentimientos y sensaciones. No hay nada que HACER, nada que «arreglar». Simplemente eres testigo de ellos, te permites observarlos con curiosidad. Te permites recibir, escuchar, sentir y respirar. Deja que tu cuerpo hable, mientras tú escuchas.

...

En esta práctica y proceso, como la serpiente, estás a la vez atenta Y relajada. En este estado, puedes digerir las sensaciones y energías e integrarlas (al tiempo que sueltas lo que no necesitas) y sentir una espontánea y natural curiosidad por sumergirte a mayor profundidad en tu cuerpo, a mayor profundidad en tu saber, a mayor profundidad en tu saber profético de pitonisa. Cuanto más hondo te sumerjas en tu cuerpo y sus sensaciones, más fácil te resultará *saber* tu verdad.

∞ RITUAL: IMPROVISACIONES SOBRE LA VERDAD DE TU VIENTRE ∞

Es posible que el ritual anterior haya bastado para despertar a tu pitonisa. Eres TÚ la que está iniciando la relación con la pitonisa que hay en TI, así que, si sientes que es así, confía en ello. De todas formas, si tienes curiosidad, quizá quieras sumergirte un poco más hondo e *improvisar* con ella sobre la verdad de tu vientre.

QUÉ VAS A NECESITAR

Tu diario y un bolígrafo; lápices de colores y papel (opcional).

QUÉ HACER

✶ En tu diario, escribe las siguientes palabras: **Esta es mi verdad, la que late en lo más profundo de mi vientre.**
Ahora, cierra los ojos, coloca debajo del ombligo la mano con la que no estés escribiendo e inhala, en dirección al espacio que hay bajo la palma de tu mano, entre las caderas, tu caldero de alquimia, y hasta el interior de tu cuenco pélvico.
Visualiza a la pitonisa enroscada en el núcleo de tu ser. Visualiza que SABES que ella es energía primordial, creatividad y sabiduría. Enrolladas en el centro de TU ser.

✶ Da la bienvenida a la pitonisa. Hazle saber que te gustaría trabajar con *ella*, la voz oracular de la serpiente del subsuelo. De Lilith. Del saber profundo –NO información y hechos–, y escribe y expresa desde ESE espacio.
Si escribir no es lo tuyo, graba los sonidos, canciones o frases que quieran expresarse a través de ti. Si tocas algún instrumento, haz sonidos que sean expresión de lo que estás experimentando. A veces es más fácil simplemente hacer marcas en un papel con lápices de colores, en respuesta a CÓMO te hace sentirte la pitonisa

...

Cada vez que me sentaba a escribir *La magia eres tú*, movía las caderas y hacía unas cuantas rondas de exhalaciones «sssssssss» para conectar con mi pitonisa. Me preguntaba: «¿Estoy diciendo mi verdad más profunda, la que late en lo más profundo de mi vientre? Y más importante todavía: ¿confío y puedo confiar en ella?». Lo hacía para asegurarme de que el lugar desde el que hablaba, desde el que escribía y compartía, era mi autoridad interior primordial, instintiva y divina. Que las palabras salían de la conexión radical a la Fuente, de la Fuente.

Ten paciencia. Ve d e s p a a a c i o. Si la pitonisa que hay en *ti* ha vivido desde hace tiempo ignorada, adormecida, o hace mucho que no la escuchas (en caso de que alguna vez la hayas escuchado), puede que necesite un poco de persuasión y ánimo. Así que sé amable con ella, y contigo, en el proceso de establecer esta conexión.

La pitonisa cíclica

La pitonisa nos recuerda que habitar en nuestros anhelos oceánicos, en los territorios salvajes e inexplorados de nuestro perpetuo devenir, no siempre nos hará sentirnos seguras. Durante la travesía por este tiempo-entre-tiempos que TODOS hemos iniciado personal y colectivamente, nada es seguro. **NADA.**

Es desasosegante. Y además nos hace sentirnos desprotegidas, ¿no? Para mí, es como si en un descuido acabara de publicar en las redes sociales un vídeo en el que salgo con las tetas al aire y no encontrara el botón de borrar. (Nunca lo he hecho, por cierto, pero, sin duda, se me pasa por la cabeza. ¡Jajaja!).

Necesitas unas raíces MUY fuertes para tener estabilidad en este lugar y espacio; e incluso entonces, por mucha capacidad de aguante que tengas y muy flexible que seas, un comentario inocente de alguien a quien quieres puede desequilibrarte por completo.

Yo he descubierto que me resulta MUCHO más fácil lidiar con todo esto en la fase preovulatoria, cuando tengo «la piel más gruesa», la lengua menos afilada y una capacidad de entendimiento y aceptación MUCHO mayor de lo habitual. Sin embargo, es en la segunda mitad de mi ciclo, en las fases premenstrual y menstrual, cuando de verdad he aprendido a encontrarme con la pitonisa EN la incertidumbre y el desconocimiento y a trabajar CON ella como aliada.

NOTA: Personalmente, creo que esta es la razón por la que nos han *empaquetado* la idea de que la perimenopausia y la menopausia son la época de la vida en que las mujeres ya no le son «útiles» a la sociedad…, cuando en realidad es justo lo contrario.

Si los años de menstruación son, ciclo tras ciclo, una gloriosa experiencia y un aprendizaje práctico de la muerte y el renacer EN nuestro propio cuerpo –pues cada mes pasamos por todas las fases y estaciones de la feminidad–, cuando dejamos de sangrar es porque ya no NECESITAMOS sangrar; ya no necesitamos iniciarnos en el poder, porque SOMOS poder. Cada ciclo de nuestros años de sangrado es iniciático, nos hace sumergirnos a más y más profundidad en nuestra propia mitología viva.

La pitonisa no te ofrecerá seguridad; no, eso no es lo suyo. EN ABSO-
LUTO. Pero te *incitará* a relajarte en tu ser, a respirar plenamente y a estar
presente en ese tiempo, espacio y momento, para que puedas colaborar
con lo que te reaviva y está en consonancia contigo; con lo que es para TI.
Y confíes en que eres para *ti misma* un espacio seguro.

ESO es vivir conectada con tu propia fuente.

✴ Una pequeña ayuda ✴
La pitonisa

Cuando no entiendo cómo he podido «olvidarme», cómo es que he
vuelto a caer otra vez en viejos hábitos, condicionamientos y cuentos,
hago la siguiente mezcla de aceites esenciales y la pongo en el difusor
antes de irme a la cama. Me ayuda a utilizar el tiempo de sueño para
recordar que sé lo que sé.

Añade al agua cuatro gotas de aceite esencial de neroli, cuatro gotas
de aceite esencial de jazmín y cinco gotas de aceite esencial de sándalo.
Tanto el aceite de neroli como el de jazmín ayudan a trabajar con los
sueños, y el de sándalo nos permite trabajar con el subconsciente: la
energía serpentina que ondula y teje a través de tu psique.

…

Afirma tu gnosis*

A veces me sorprendo comiendo lo que yo llamo «comida ruidosa» –cosas con mucho azúcar y muy pocos nutrientes– y me doy cuenta de que lo
hago para no tener que oír la verdad, Su verdad, *mi* verdad. Si a ti también
te pasa, recuerda que debes empezar d e s p a a a c i o.

Inicia una relación de «me gusta» con lo que sabes, con tu gnosis. Lleva tiempo y práctica, y una puta tonelada métrica de amor, comprensión y
compasión. Pero cada vez que experimentes tu saber, afírmalo. Ponte una

---

* N. de la T.: Gnosis (del griego γνῶσις [gnôsis] 'conocimiento'): Conocimiento absoluto
e intuitivo, especialmente de la divinidad.

mano en el vientre o sobre el cuenco pélvico, dale un suave masaje y dile: «Confío en ti».

Para mí, en momentos de no saber, en medio de la incertidumbre, en los momentos y estados más desasosegantes, la pitonisa es hoy un maravilloso recuerdo y un valioso apoyo que aumentan *mi* capacidad para confiar en mí misma y en la sabiduría de *mi* cuerpo. De hecho, la incertidumbre de este tiempo-entre-tiempos se convierte a diario en una oportunidad para practicar la confianza en mí misma.

Confiar en que es una verdad hasta el coño de profunda, y eso significa que no necesito ningún mediador entre la Fuente y yo, porque yo SÉ. (¡Eh! Y tú también).

Confiar en que mi intuición, mi instinto, los hormigueos y la piel de gallina son todos ellos señales de que SÉ. (¡Eh! Y tú también).

Confiar en que en este tiempo-entre-tiempos, en este espacio de no saber, soy una paradoja total, y aun así, SÉ. (¡Eh! Y tú también).

RIFF DE ELLA — ME ACUERDO

Me acuerdo.

Me acuerdo de que soy jodidamente maravillosa.

Me acuerdo de que expreso todo lo que soy,
tanto por dentro como por fuera. Sin pedir disculpas.

No me dan miedo las opiniones, los juicios
ni los pensamientos de nadie, porque
son simples proyecciones.

No doy explicaciones a nadie. Me ocupo de crear,
expresar y compartir.

Desatada.

Para siempre desatada.

No tengo tiempo ni sitio para esconder
mi luz ni para ser comedida.

Me acuerdo.

Reclamo todos los ritos, sabiduría y
modelos de TODAS las líneas de tiempo pasadas y futuras.

Sé lo que necesito para florecer y sentirme nutrida.

Lo pido, lo busco, no me conformo con menos
que lo que sé que necesito, que me falta.

¿Diva? Posiblemente.

¿*Devi*?* Sin ninguna duda.

Mito Y realidad

Con el tiempo, haber establecido contacto con la pitonisa *tal vez* te haga preguntarte: «¿Esa soy yo? ¿Soy la sabiduría primordial de la Tierra? ¿Soy energía primigenia?». Sí, eres tú, y a veces es un concepto DEMASIADO inmenso como para que podamos asimilarlo con esta cabeza *tan* humana. Por eso la pitonisa es simbólica, arquetípica, profundamente mitológica Y muy *real. Guiño.*

Pero no beneficiaría a ningún sistema ni estructura actuales que recordáramos ESO. Esta es *la razón* de que estemos aquí recordando cómo ser nuestra propia fuente. Para que, conectadas de raíz con la Fuente, incorporemos energía, creatividad, magia y medicina, y desarrollemos la capacidad y la elasticidad necesarias para contenerlas y potenciarlas a fin de

---

* N. de la T.: 'Diosa' en sánscrito. En el hinduismo, es una figura que incluye a varias deidades femeninas y tiene múltiples encarnaciones.

CONOCE A LA PITONISA

engendrar y dar a luz formas de ser totalmente nuevas. Por eso, no veo otra posibilidad que empezar –tú, yo y cada una de nosotras– a poner en práctica la confianza.

Confía en que tu gnosis –tu sabiduría instintiva, que la sociedad ha considerado y considera «primitiva», «salvaje» y «peligrosa»– es valiosa información sobre tu santa y verdadera naturaleza.

Confía en tu percepción y en la evidencia de que la segunda mitad del ciclo menstrual (las fases premenstrual y menstrual) y la segunda mitad de la vida de una mujer (la perimenopausia y la menopausia) NO son el «páramo estéril» que nos han contado y vendido que son, sino que tienen el potencial de ser el delicioso patio de recreo en el que retornar a nuestros sentidos, recuperar la cordura y reasalvajarnos.

Confía en tu relación con la pitonisa, en que es real y mítica a la vez, y permite que lo que imaginas en tu «tiempo de ensueño»,* y que en ese momento es intensamente real, coexista como una realidad en tu cuerpo humano.

Para que puedas desenredarte de las distracciones y distorsiones del encantamiento y el condicionamiento sociales, de todos los cuentos con los que te han hecho creer que tu cuerpo y tú sois anómalos y defectuosos y no sois dignos de confianza, y, en vez de todo eso, puedas empezar a creer y confiar en que lo que ves y recibes y sientes que es sabiduría, visión interior e inteligencia que te llegan *a través de* tu cuerpo eres TÚ, conectada a tu propia fuente.

NO tengo la menor duda de que si estás aquí en el mundo en estos momentos, si estás en este burbujeante caldero de exploración, es porque *ves* y porque *sabes*.

---

* N. de la T.: En la mitología aborigen australiana, el tiempo de ensueño, *Altjeringa,* es un tiempo más allá del tiempo, un tiempo en el que los seres totémicos espirituales ancestrales manifestaron la Creación. Los aborígenes creen en dos formas de tiempo paralelas: una es la actividad diaria objetiva y la otra, el tiempo de ensueño, un ciclo infinito más real que la realidad misma y al que pueden acceder las personas de gran poder espiritual. Lo que pase en el tiempo de ensueño establece los valores, símbolos y leyes de la sociedad aborigen.

RIFF DE ELLA — TÚ SABES QUE SABES

Puede que hayas notado una agitación en lo más profundo
de tu ser, un guiño cósmico, un tic, una pequeña sacudida.

Una llamada en tu interior.

Para que escuches.

A tu saber más profundo.

La certeza de que buscar fuera
de ti ya no te sirve.

La certeza de que buscar fuera de ti no es
una opción para una mujer despierta.

La certeza de que lo importante, lo
vital en este momento, es que busques dentro. Porque tú SABES.

La Reina de Saba, Isis, María Magdalena,
Lilith, Sofía, Eva..., todas sabían.

Y ahora, sabes que tú también sabes.

No tienes que adivinar, sino recordar.

Tal vez lo que descubras no se parezca a lo que
esperabas, pero saber no se PARECE a nada.

Estate abierta a la maravilla que está a punto de ocurrir
mientras recuerdas lo que sabes EN.TU.CUERPO.

Observa cómo reemplazan a los pensamientos negativos
pensamientos estimulantes, llenos de vitalidad;
siente cómo empiezan
a abrírsete las puertas; date cuenta de que se te está
pidiendo que des un paso al frente y hables. Ya lo tienes.

No necesitas investigar, ser mejor ni hacer más.

Confía en ti.

Empieza a actuar de un modo que refleje la sabiduría
de tu corazón, tus entrañas y tu cuenco pélvico.

Estate al servicio de la vida y sé amable contigo y
con los demás. Trátalos con la compasión y la bondad
de alguien que SABE quiénes son.

Muerde la manzana
(¿te atreves?).

La capacidad de verlo todo

Conectarme con la pitonisa que hay dentro de *mí* ha fortalecido mi confianza en lo que soy capaz de «ver». Vengo de una familia *viajera* (mi abuela era una *traveller* irlandesa y la familia de mi padre era romaní),* y todas las mujeres de mi linaje matrilineal tenían lo que se llamaba «visión bruja».**

A ver, la «visión bruja» no es algo que posean *en exclusiva* las mujeres de las comunidades viajeras. Creo que TODAS tenemos acceso a ella, solo que en mi familia se cultivaba. Salvo mi madre, que prefirió «ignorar» la suya y se negó a contarme gran parte de lo que «sabía». Pero, por suerte, pasé mucho tiempo con mi abuela, que me inició en la tradición y me dijo, muy claro: «Tu madre no se puede enterar de esto».

Entonces, ¿tener acceso a la «visión» significa que soy inmune a las cagadas porque puedo ver desde todos los ángulos lo que está ocurriendo

---

* N. de la T.: Los gitanos, romaníes, cíngaros o *rom* son una comunidad o etnia originaria del subcontinente indio. En el 1.er Congreso Mundial Gitano, celebrado en 1971 en Londres, se dio la denominación Roma al conjunto de las diversas poblaciones gitanas repartidas por todo el mundo. En algunos países existen también poblaciones que no tienen origen étnico gitano pero sí estilos de vida similares a los de los gitanos nómadas, como los *traveller* ('viajeros') en Irlanda y el Reino Unido, o *les gens du voyage* ('gente viajera') en Francia y otros países.

** N. de la T.: La «visión bruja», denominada a veces sexto sentido, es la expresión genérica que los hechiceros colegiados han dado a la capacidad que poseen la mayoría de los practicantes de magia para ver realmente los Vientos de la Magia. Todas las personas que nacen con talento para la magia tienen cierto grado de visión bruja, que puede desarrollarse y mejorarse con la práctica, hasta que el hechicero o hechicera es capaz de ver realmente el fluir de los Vientos de la Magia, contemplar los chispeantes colores de las energías del Caos en estado puro e incrementar su capacidad para controlarlos a la hora de lanzar hechizos. Aunque la expresión tiene ciertas connotaciones negativas, es una denominación tan antigua que ha entrado en el lenguaje vernáculo de la mayoría de los maestros junto a otras más actuales como 'visión espiritual'.

en cada momento? NO. ¿Significa que puedo ver cómo van a acabar las cosas? NO. ¿Significa que puedo adivinar los números de la lotería? ¡Ojalá! Soy humana, y parte de mi trabajo aquí en la Escuela de la Tierra es experimentar la humanidad de TODO. Pero lo que *sí* me ofrece este aspecto «vidente» –siempre y cuando me quite de en medio y no sea un estorbo en mi camino, claro está (y ESTE es un puto ejercicio diario de determinación)– es una conexión profunda y transparente con la sabiduría, la claridad y la capacidad de discernimiento que residen dentro de mí. Así que, cuando inhalo, y se crea un poco de espacio, y entro y desciendo, veo EXACTAMENTE lo que está pasando.

Si alguien está enfadado y dirige ese enfado contra mí, soy capaz de ver todas las partes que están en juego EN EL MOMENTO. Veo la parte que me toca: tal vez he puesto el dedo en la llaga; tal vez he llegado en un momento muy inoportuno, en el que esa persona necesitaba descargar toda su rabia contra alguien. O tal vez (aunque DE NINGUNA MANERA me puedo creer que esto sea cierto), tal vez me he pasado de lista o ha estado muy mal lo que he hecho. (*Ya*, yo también dudo que esta sea una posibilidad. Ejem).

Pero, además, «veo» *por qué* se ha puesto esa persona hecha una furia y *dónde* residen su miedo y su dolor. Si se trata de una mujer que menstrúa, *suelo* saber en qué momento de su ciclo se encuentra. Y, por supuesto, también percibo el influjo de las posiciones lunares y las alineaciones cósmicas.

In-tuición[*]

Esta visión interior es «tuición interior»: percepción de la sabiduría interna y orientación, gracias a la cual puedo responder, y *no* reaccionar. Puedo evaluar y discernir situaciones y asegurarme de que mi corazón, mi vientre y mi

---

[*] N. de la T.: *Intuir* proviene del verbo latino *tuērī*, con el prefijo in, 'en, dentro'. Este verbo tenía la particularidad de presentar en latín dos significados distintos. Uno de ellos en la prosa, que era el de 'proteger, guardar, mirar o velar por' (del que se han derivado palabras como *tutor, tutela* y *tuición*) y el otro en la poesía, que era el de 'contemplar, tener la vista fija en algo, ver con absoluta claridad'. En castellano, se entiende por *intuición* la percepción íntima e instantánea de una verdad o idea como si se estuviera viendo, sin que medie la razón. La autora aquí juega con ambos significados latinos; o más concretamente, en el primer caso, con uno de los posteriores significados que ha adquirido el término derivado *tutor/tutora*: «Persona encargada de orientar al estudiante en una asignatura, curso, práctica o trabajo de investigación» (2.ª acepción en el DRAE).

cuenco pélvico están en total alineación vibratoria con las decisiones que tomo y las elecciones que hago.

Esto me ayuda a enraizar, afianzar y centrar mi frecuencia energética, y mi presencia está entonces en consonancia con ella porque confío en lo que VEO, SIENTO y SÉ. Puedo «ver» lo que realmente está pasando. Soy capaz de leer entre las palabras que se dicen y oír lo que *no* se dice. Sé cuándo me están mintiendo Y sé cuándo me encuentro con alguien de verdad.

En mi caso, es durante la fase premenstrual cuando más fuerza y claridad alcanza la visión interior y más útil me resulta (si tú también menstrúas, vale la pena que pienses en qué momento de tu ciclo estás mientras lees esto). El lugar donde mi crítica interior solía armar tanto alboroto es el lugar donde ahora lo veo todo TAL CUAL ES (a ver, mi crítica interior sigue estando por ahí, pero ya no es la que más alto habla). Sin dejarme engañar por ninguna fachada. Sin filtros.

Personas con las que antes «tal vez» me habría comparado, o a las que me habría gustado «parecerme un poco», me resultan ahora supertransparentes: veo la verdad de ellas, lo que temen y lo que realmente hay detrás de sus publicaciones de Instagram. Cuando una persona me envía un correo electrónico en el que me propone hacer algo, y la propuesta va seguida de una larga lista de «todo lo que podría sacar yo de eso», es como si las letras empezaran a bailar en la pantalla y a cambiar de sitio para mostrarme «todo lo que *ella* podría sacar de eso».

Y... veo TODAS las oportunidades, los caminos, la medicina, la magia, los movimientos que es necesario hacer. Las ideas me llegan acompañadas de un mapa detallado y completo, y solo tengo que ejecutarlas. Veo TODA la belleza, y suele presentarse en forma de sencillez. La belleza de alguien que es simple y auténticamente sencillo. Sin jerga espiritual ni palabras artificiosas. Alguien que no se esconde detrás de una máscara, que habla con franqueza sobre lo que está pasando en su vida, lo que está pensando y lo que siente.

RIFF DE ELLA — DEJA QUE TU TUICIÓN INTERIOR SEA TU GUÍA

Lo que en un tiempo no se veía ahora se ve, y no se puede revertir el proceso. Por mucho que quizá quieras hacer como que no lo has visto, una vez visto no se puede ignorar.

Lo ves TODO.

Todas las formas en que te mientes.

Todas las formas en que los demás te mienten.

Todas las formas en las que te han condicionado a creer que cualquier cosa que llegue de fuera tiene valor y todo lo que hay dentro es insignificante.

Todas las tretas, las cortinas de humo, los engaños.

Lo ves todo.

Y porque lo ves todo, hay claridad.

TANTA. TAL. CLARIDAD.

Ves dónde hay belleza.

Dónde se dice la verdad.

Dónde hay oro.

Dónde es posible experimentar lo «real».

Dónde es posible vivir la vida y bailar y moverse y amar al son de la vida.

Dónde te permites estar en el pleno
reconocimiento de tu visión.

La visión sin mentiras de mierda
ni hipnosis social.

La visión que está abierta a las sincronicidades, a la
serendipia,
a los mensajes, las señales y los símbolos.

Confía en ti, confía en tu corazón, confía en tu visión.

Tu visión es tu intuición.

Tu intuición es tu guía.

Conecta con tu visión interior

Cuando tu tercer ojo, tu corazón y tu cuenco pélvico están conectados y alineados, LO VES TODO. A las «vibras» de antes, que te impulsaban a complacer y a seguirle la corriente a todo el mundo, las han reemplazado vibras de «te veo», es decir, que ahora ves TODAS las formas en que probablemente la gente se ha aprovechado siempre de ti y de tu bondad, Y ves cuándo estás entre personas y en situaciones que QUIEREN apoyarte y apoyan tu visión.

Ahora puedes estar abierta a recibir y magnetizar TODAS las sincronicidades, la magia y la fluidez que mereces. Eres un puente entre paradigmas: ves lo que ha sido, lo que está sucediendo y revelándose ahora mismo y lo que está por venir. Eres ancestral, vidente de lo antiguo-futuro.

Verlo todo puede ser, además, cojonudamente mágico y flipante y abarcar vidas, líneas de tiempo y paradigmas. Solo para que lo sepas.

INVITACIÓN:
MASAJÉATE EL TERCER OJO, EL CORAZÓN, EL CLÍTORIS

Hecho real: podemos activar la visión interior y la revelación de nuestro saber profundo por medio del tacto, el placer y el orgasmo. Es una de las artes ancestrales femeninas del templo, y me interesa MUCHÍSIMO.

A ver, no voy a contarte CÓMO tener un orgasmo, ni el orgasmo es la «meta», NI, por supuesto, tienes que hacer esto para conectarte con tu visión interior. Pero si te resulta natural y atrayente explorar tu cuerpo, te diré que acariciarte y darte placer es una muy buena oportunidad para entrar, descender y profundizar en tu cuerpo, tu verdad y tu poder. (Y por si fuera poco, de potenciar y magnetizar además tu poder de visión).

☆ *En primer lugar, busca un sitio cómodo donde nada vaya a molestarte. Echa un vistazo a tu alrededor, para situarte en el tiempo y en el espacio. Luego respira hondo varias veces seguidas y deja que la atención recaiga en el interior de tu cuerpo.*

☆ *Masajéate el tercer ojo –la zona central de la frente, un poco por encima del entrecejo– en señal de reconocimiento. Ponte una mano sobre el corazón y golpea el pecho con suavidad tres veces. A continuación, empieza a acariciarte despacio, con las yemas de los dedos, la cara y la garganta, y ve trazando espirales y bajando luego con calma por el cuerpo. Tranquilamente. En el momento que te apetezca, si te apetece, con amor (y tal vez lubricante, tú decides), dirige la atención a la vulva, al clítoris, tócalos con suavidad, acarícialos de una forma que te haga sentirte jugosa y bieeeen.*

☆ *Cuando te sientas conectada –recuerda que tu vulva es un portal de acceso a la Fuente–, cuando sieeentas la energía creativa fluir por tu cuerpo jugosa y vital, cierra los ojos, dirige la atención en sentido ascendente, a través del espacio del corazón, hacia el tercer ojo, y pregunta: «¿Qué necesito ver?». Deja que las visiones y las sensaciones se te revelen. Tómate tu tiempo y permítete SER en la energía de todo ello.*

☆ *Cuando sientas que es el momento, abre despacio los ojos, sitúate en el aquí y ahora y respira hasta y desde lo más profundo del vientre varias veces. Puedes dejar constancia de lo que se ha revelado a través de ti, ya sea en tu diario, en una grabación de audio o mediante alguna forma de expresión artística.*

· · ·

Sé eternamente curiosa

Mi madre solía decirme que mis primeras palabras fueron «¿por qué?». No es que me lo creyera, pero me gusta contarlo. A lo que en realidad se refería era a que, de pequeña, yo era una puta pesadilla: preguntaba el porqué de TODO. «¿Por qué tengo que comer esto? ¿Por qué es de ese color el cielo?». Siempre he tenido una profunda necesidad de saber la verdad de TODAS. LAS. COSAS.

Digo esto en cada libro, en cada taller, en cada retiro: cuestiónalo TODO. Nuestra curiosidad es energía primordial.

En momentos de distorsión, fractura e incertidumbre, aunque tantos de los sistemas y estructuras externos estén obsoletos y semiderruidos, *todavía* recurrimos a ellos en busca de estabilidad y cierta dosis de arraigo. No lo podemos evitar; nos han programado así.

Sin embargo, cuando decides conectar con tu propia fuente, la invitación de Estos Tiempos es a que entres, desciendas y dentro del vientre de la pitonisa retornes a ti y recuerdes a TU YO maga, TU YO vidente, TU YO guardiana de la medicina. A que confíes en ti. A que abras el ojo omnividente, para que la energía y la resonancia de lo que recibes de *cualquier* experiencia, *cualquier* guía, *cualquier* sanador (incluso este libro) pase por el filtro de TU cuerpo y el filtro de TU discernimiento.

Si no estamos EN nuestro cuerpo y en esa remembranza, si nuestra curiosidad y nuestro discernimiento no están activos, es mucho más fácil que nos convenzan y nos manipulen. Por supuesto, hay momentos de nuestra vida en los que *todas* necesitamos profesores, apoyo, consejos, orientación, y de NINGUNA MANERA estoy sugiriendo que lo seamos todo para nosotras mismas y lo hagamos todo solas. Decía unas páginas atrás que así es *precisamente* como hemos llegado a esta situación de desconfianza y separación de nosotras mismas, de las demás mujeres y de nuestras comunidades, y por eso *precisamente* estoy aquí hablando de conectar con la Fuente.

Esto es un proyecto de trabajo conjunto Y es lo que creará las vías esenciales, enraizadas en lo fundamental, para que confiemos en nosotras mismas y en las demás, y establezcamos relaciones y comunidades JUNTAS.

Así que, cuando sientas la necesidad de orientación y apoyo externos, establece intenciones claras sobre lo que estás buscando y luego confía en tu intuición y tu discernimiento para encontrar la guía y el apoyo ADECUADOS para TI. (Para tu información: NO será alguien que te diga que ha alcanzado el conocimiento supremo y sabe lo que más te conviene o que te puede «arreglar»).

Confía en ti,
confía en tu corazón,
confía en tu visión.

ELLA: fuente de energía primordial

Cuando entramos y descendemos, podemos permanecer más tiempo EN nuestro cuerpo, lo cual nos ofrece tiempo y espacio para entrar en comunión con lo más profundo de nuestro ser.

Un lugar de creación sensual, feroz, viva, vibrante y vital.

La energía primordial, la sabiduría innata, tu gnosis y TU canto de sirena (que se ha enterrado en lo más profundo de nuestra psique colectiva) residen AQUÍ.

Desde aquí, tu canto puede revelar los misterios. Puedes pronunciar la historia de tus huesos y de tus antepasadas.

Completa y sagrada

Cuando se activa la pitonisa –la energía primordial, lo que Hildegard von Bingen (mi mística favorita) llamaba «*viriditas*» o «verdor»–, a esa energía divina que circula en el interior de todos los seres vivos suele denominársela «eros».

Es una fuerza vital, generadora, creativa que, cuando despierta en tu interior, amplifica tu ADN y crea una YOidad más deliciosa y jugosa. Y si se lo permites, si la cuidas y la alimentas, y dejas que tu cuerpo se convierta en el más fecundo receptáculo para ella, puede permear, y lo hará, *cada* expresión de tu experiencia viva.

Es un sentimiento.

Es un latido.

Es esplendor.

Es energía primordial.

Veraz y jugoso fluido vital que te llama a ENTRAR y DESCENDER. A la presencia (en lugar de al personaje) para encontrarte con el latido energético despierto de la Virgen Ma, que se da a luz a sí misma y engendra y da a luz nuevas vidas y posibilidades, una y otra vez.

Fluido del bueno, bueno DE VERDAD.

Es la medicina de María Magdalena. Es la medicina de Venus. Es NUESTRA medicina.

Es una guía de retorno a todo lo que es completo y sagrado.

Completo Y sagrado.

Un reconocimiento de que contenemos TODAS las partes –luz y oscuridad y el delicioso pulso del misterio que late entre ellas– reunidas sin orden. Porque NO hay orden en ser una mujer «utilizada» (por la vida, por el cosmos, por la Divinidad). Es caótico, es anárquico, es real y es cíclico.

Hay vida y hay muerte. Una y otra vez. Y TÚ tienes la gran suerte de ser participante activa.

Eres alquímica.

Un serpentino proceso vivo.

Rebosas de fuerza vital.

Estás repleta. (De ti misma).

Eres el círculo sin principio ni fin.

Totalmente sagrada. Completa. Todo lo que es sagrado y completo.

Deja que el proceso de conexión sea *l e e e n t o*. Que sea un delicioso y tierno desenredarte de los cuentos, traumas, condicionamientos y creencias que no contribuyen a tu sagrada compleción, al tiempo que permites que un nuevo enlace lleno de belleza tenga lugar entre tú, Mamá Tierra, su naturaleza sensorial y sentida y la energía primordial, un vínculo que te hará enraizarte más, estar más presente para ti misma y más receptiva a tu sabiduría y tu magia.

Porque cuanto más EN.TU.CUERPO estés, más capaz serás de amplificar la magia de Mamá Tierra Y del cosmos a través de tu cuerpo. Te conviertes así en una radiante fuerza magnética que atrae MÁS.

El placer como energía primordial

¿Entiendes por qué se nos ha desconectado y enseñado a tener miedo de nuestro cuerpo, nuestro poder y nuestra magia? Cuando hablo de poder, respira hondo y s i e e e n t e lo que esa palabra evoca y provoca en tu cuerpo.

Suelo contar que, para las adolescentes de mi época, la imagen de una mujer «poderosa» era la del icono de los ochenta Joan Collins, con los ojos delineados de azul y anchas hombreras, y aunque SIEMPRE le tendré un GRAN cariño a Joan, ese NO es el poder del que hablo. Ni es poder «sobre» nadie ni la clase de poder gracias al cual unos pocos «triunfan» a expensas de comunidades enteras.

No, el poder del que hablo es energía primordial: regenerativa, cíclica, solidaria, sensual, sentida y nutritiva. Es un poder erótico. A ver, como en el caso de la palabra eros, los términos erótico y extático se han reducido exclusivamente al terreno sexual y a los actos físicos de placer –debemos agradecérselo a la pornografía–, pero la realidad es que son muuucho más que eso.

Como escribió la feminista estadounidense Audre Lorde en su ensayo Los usos de lo erótico: lo erótica como poder:* «Lo erótico es la medida entre nuestra inicial vivencia de identidad y el caos de nuestras emociones más profundas e intensas. Es una vivencia interna de satisfacción que, una vez experimentada, nos da la certeza de que podemos aspirar a ella. Habiendo experimentado la riqueza y profundidad de esta emoción y habiendo reconocido su poder, ya nunca por honor y autorrespeto podremos exigirnos menos a nosotras mismas».

---

* N. de la T.: «The Uses of Erotic: The Erotic as Power» fue una conferencia pronunciada el 25 de agosto de 1978 en Mount Holyoke College. Incluida en Lorde (1984, pp. 53-59) trad. Ilse Kornreich.

Leer y pronunciar estas palabras en voz alta es como sentir miel caliente en la boca. SUSPIRO.

Te invito a que lo hagas, a que leas esta cita en voz alta y experimentes los sentimientos y sensaciones que estas palabras, esta transmisión, evoquen en tu cuerpo.

Vitalidad de espectro completo

Nos han enseñado que vivir y experimentar la vida de forma extática y erótica es sinónimo de autocomplacencia, y que es egoísta, frívola y superflua cualquier práctica dirigida a volver a ENTRAR en nuestro cuerpo.

Nos han enseñado a recurrir a los estimulantes y a depender de esa energía artificial, que nos agota el sistema nervioso, simplemente para «llegar al final del día» y no morir en el intento.

Nos han enseñado a sentir vergüenza por explorar nuestra sexualidad, y por eso hay tantas mujeres secas hasta la médula, amargadas, agotadas y desnutridas, esperando recibir unas migajas de todo lo que la vida nos tiene reservado.

Por el contrario, estar de verdad EN tu cuerpo, conectada con un cable de alta tensión a la fuente de energía erótica y creativa, la *viriditas*, es s e n t i i i r y experimentar y estar alimentada y energizada por la TOTALIDAD de la vida. Tu poder personal como espectro completo del amor esencial.

NO estás aquí, en este tiempo,
espacio y lugar, simplemente para esperar
atrapar las migajas de la vida.

No te voy a mentir, se necesita coraje del de verdad, para comprometerse con la vitalidad del espectro completo. Requiere práctica diaria...

SABER que tu cuerpo es territorio seguro y sagrado.

Estar y seguir estando EN tu cuerpo, por mucho que tengas la tentación de abandonarte, anestesiarte, insensibilizarte o «escapar» (y si lo *has* hecho, y lo sigues haciendo, ¡es lo que hay!, no pasa nada; para muchas de nosotras, son a menudo actos de supervivencia).

Conéctate con la Fuente, la fuerza vital creativa, y entra en comunión con la vida como Fuente.

Sé auténtica. No hagas comedia.

S i e e é n t e l o todo y exprésalo todo, a través de la lente de *tu* discernimiento. Recuerda, no todo el mundo tiene derecho a acceder a toda tú. TÚ, según TUS condiciones. Siempre.

Comprométete con tu naturaleza sensorial y lo que sientes.

Elígete a TI y sigue eligiéndote a ti, en un mundo en el que se te dice que elegirte a ti es egoísta, autocomplaciente y narcisista.

Conviértete, y sigue convirtiéndote siempre, en una mujer que literalmente REBOSA de sí misma.

RIFF DE ELLA — ¿CÓMO TE S I E E E N T E S?

¿Conoces la sensación de dejar que el placer esté presente?

EN.TU.CUERPO.

¿Echar la cabeza atrás en éxtasis?

¿Reír, gritar, chillar, expresarte
con total regocijo y deleite?

Yo soy ELLA que utiliza TODOS mis sentidos para bailar
y ondular y hacer que me retuerza de placer, con TODO lo que
me da placer, y quiero recordarte que, cada vez que
respiras, tienes la oportunidad de elegir con confianza
que la alegría, el placer, la felicidad, la delectación, el
goce y la diversión sean el principio rector de tu vida.

Toca placer.

Siente placer.

Huele placer.

Ve placer.

Oye placer

Intuye placer.

El placer sensorial es el más rico
y más femenino nutriente.

Lamerte la miel que se te escurre por las yemas de los dedos,
sentir en la piel el contacto de las sábanas limpias, meter
las manos en el barro después de la tormenta, el olor a tierra
mojada tras días y semanas de sequía, acariciarte de esas
maneras que solo tú conoces, dos horas a remojo en la bañera,
reírte tanto tanto que se te olvida de qué te estás riendo.

Hazte sensorialista.

Sé una mujer guiada por el placer, sea cual sea
la forma en que se concrete en tu vida.

Sé el cambio profundo, radical y revolucionario
que Estos Tiempos necesitan y, lo que
es más importante, exigen.

¡Haz que se sienta culpable y avergonzada!

Creo que el placer, y la medicina que entraña, son imprescindibles para abrirnos camino en una sociedad cimentada en el miedo que quiere que sintamos vergüenza y culpa por ser la mujer que somos. Uno de los muchos cuentos de los que me he tenido que desenredar –y todavía hay momentos en que vuelvo a tener que desenredarme de él– está relacionado con cuándo y dónde elijo conscientemente hacer del placer una prioridad. Porque, verás, inconscientemente he estado convencida de que, si vivo plenamente, si tengo una vida extática –jugosa, fecunda, creativa, sensorial y rebosante–, es inevitable que, más tarde o más temprano, sea necesario castigarme por ello, y se me castigará.

Como lo oyes, esta es una de tantas historias que se repiten desde hace vidas: la de una mujer que se atreve a dar prioridad a su placer, a sentirse llena a rebosar (de vida, de *viriditas*, de jugosidad y energía primordial), a confiar en sí misma y dar rienda suelta a su máxima expresión, y todo para que, acto seguido, esa máxima expresión se interprete en el exterior como una amenaza, como un «pasarse de la raya», un peligro, algo por lo que se la debe castigar.

Lo he visto cuando una mujer se ríe a carcajadas en público, desde lo más profundo del vientre, y se atreve a expresar públicamente su placer por la vida. La gente de la mesa de al lado cuchichea tapándose la boca con disimulo: «Ufff, qué exagerada, ¿no?». *No*, no es exagerada. Es una mujer expresándose, expresando su capacidad de sentir placer, ¡y eso es lo más de lo más!

Lo he visto cuando se avergüenza a una mujer por «ser sexi», o por hablar de sexo sin complejos y disfrutando de lo que las palabras evocan. Esa expresión se recibe en el exterior con juicio y desdén. Y sin embargo, es precisamente esa expresión lo que nos quitará los grilletes, lo que acabará de una vez por todas con los prejuicios sociales que hacen que para tantas de nosotras el placer sea todavía un tema tabú.

Los detalles de *por qué* sentimos eso serán *sin duda* diferentes en cada una de nosotras, pero lo cierto es que somos muchas las que tenemos miedo de que, si nos atrevemos a llevar una vida auténticamente sensorial y colocamos el placer a la cabeza, nos criticarán, nos castigarán y nos avergonzarán.

¿Una mujer a la que le gusta el sexo? AVERGÜÉNZALA.

¿Gana dinero y se atreve a gastarlo? AVERGÜÉNZALA.

¿Expresa su ira? AVERGÜÉNZALA.

¿Se valora lo suficiente como para decir *no*? AVERGÜÉNZALA.

¿Pide lo que quiere porque SABE lo que le produce placer? AVERGÜÉNZALA.

¿Se atreve a ser PLENAMENTE ELLA en público? **AVERGÜÉNZALA.** NO tengo la menor duda de que entre tú y yo podríamos llenar un libro con TODAS las formas en que hemos sentido culpa y vergüenza por expresarnos. Ni dudo que, en una u otra ocasión, todas hayamos proyectado también culpa y vergüenza en otras mujeres.

Rebosante

Hablemos claro, yo en ningún momento había dicho que esto de desenredar y desaprender fuera fácil, ¿verdad? Esta es una herida de bruja, una herida de hermana, una herida de mujer, y la vergüenza y la culpa son solo dos de las muchas armas que se han utilizado durante miles de años para obligarnos a ser «buenas». Y nos han enseñado cojonudamente a utilizarlas para «vigilarnos» las unas a las otras, en lugar de confiar en la verdad de nuestro propio sistema de «valores» y regirnos por él.

Sin embargo, tengo una fuerte sensación de que, dado que has encontrado este libro (o él te ha encontrado a ti), SABES (incluso aunque sea un saber que todavía no encuentra palabras) que una maga tiene CERO interés en ser «una buena chica».

Para tu información: solo para que quede claro, eso no significa que sea «mala». Esta línea de pensamiento pertenece al VIEJO paradigma, y ya no participamos en ESE juego.

No sé tú, pero yo he pasado mucho, demasiado tiempo oscilando entre la «buena chica» y la «mala zorra», y ahora sé que lo que soy es el santísimo espectro completo.

La Maga, que es INCUESTIONABLEMENTE el santísimo espectro completo, SABE que lo más subversivo, el mayor acto de rebeldía con que puede responder a las vidas y vidas de esa vergüenza y culpa que tantas de nosotras llevamos aún DENTRO de nuestro cuerpo (especialmente las que se derivan de la alegría y el placer) es hacer acopio de su santo coraje, centrarse en la verdad de su vientre de pitonisa, hacerle un corte de mangas al miedo y ser de una puta vez y para siempre UNA MUJER REBOSANTE. **REBOSANTE** de alegría.

REBOSANTE de orgasmos.

REBOSANTE de risa.

REBOSANTE de creatividad.

REBOSANTE de pasión.

REBOSANTE de amor.

Tenemos trabajo por delante, ¿no? Respira hondo, despacio, varias veces seguidas, y relájate un momento. Aquí no hay culpa, ni vergüenza, ni juicios.

SUGERENCIA PARA TU DIARIO

Bien, empecemos por el episodio —vidas enteras de episodios— que conecta la expresión del placer con el miedo al castigo.

¿Eres capaz de diferenciar en él qué es verdad y qué es ilusorio? ¿Cuál es tu relación con los términos *buena* y *mala*? ¿Alguna vez te han avergonzado, culpado o te has sentido castigada por dar relevancia al placer en tu vida?

¿Has avergonzado y culpado a otras mujeres por expresarse? (Esto NO es una invitación a que agarres el látigo y te flageles, es solo una oportunidad para que examines si tal vez tus ideas morales están condicionadas en algunos aspectos por todo lo que te han contado sobre cómo debe ser y cómo debe actuar una mujer).

¿Qué s i e e e n t e s en el cuerpo ante la idea de ser una mujer rebosante?

Antes de intentar expresarlo con palabras, o de que empieces a «pensar» en ello como concepto, s i e e é n t e l o.

¿Es una sensación de bochorno? ¿Se te ponen los pelos de punta? ¿Es estimulante? ¿Frustrante?

NOTA: Cabe la posibilidad de que ya te hayas liberado de los grilletes y estés viviendo una vida que es *de arriba abajo* un corte de mangas al miedo, una vida que es *de arriba abajo* el santo espectro completo de ser mujer. Y si es así, choco desde aquí esos cinco y te doy un golpe de pecho y hago una reverencia de profundo respeto a tu verdad y a tu santo coraje. Gracias por establecer los códigos de frecuencia y ser un faro, una fiera luz, para TODAS.

El placer como invitación

El placer es tú, yo y cada una de nosotras en nuestra plena y sensual vitalidad, y es medicina vital y necesaria para que *todos* los seres humanos recordemos y retornemos a nuestra naturaleza salvaje. Es la comprensión de que, mucho antes de que tuviéramos un cerebro completamente desarrollado, nuestro cuerpo ya tenía una poderosa inteligencia y de que esa inteligencia SIGUE presente en nosotros hoy: el conocimiento innato de nuestras capacidades sensoriales y extrasensoriales.

Esta inteligencia va MUCHO más allá de lo que captan nuestros cinco sentidos. En aquel entonces, sabíamos orientarnos y desplazarnos por el mundo porque s e n t i í í a m o s la presencia y la energía de la luna, las estrellas, las mareas y las plantas.

Cuando estás presente, cuando estás EN tu cuerpo, eres capaz de ver y sentir su movimiento en divina sincronía con los ritmos de Mamá Tierra, y entonces tienes acceso a un inmenso y vibrante potencial que te llega a través del cuerpo y el sistema nervioso.

¿Y si resulta que el placer es, en todas y cada una de nosotras, una invitación...

- ... a guiarnos por algo de lo que nuestro cerebro cognitivo no tiene ni idea?
- ... a romantizar nuestra naturaleza sensorial al más puro estilo venusino? Sí, a hacernos «sensorialistas»: ELLA entregada con devoción a la belleza y magnificencia que percibe en TODAS las cosas *a través de* los sentidos.
- ... a desarmar –con la respiración, el tono, el movimiento y una ENORME cantidad de compasión– todos los lugares y espacios del cuerpo en los que hemos intentado «controlar» nuestras emociones, mantenernos «firmes» y «protegernos»?

- … a confiar en que no necesitamos estar «programadas» ni bajo los efectos de «un encantamiento» para encarar el momento y responder, porque nuestro sistema sensorial sabe cómo hacerlo? (Y en que la realidad que eso crea es MUY diferente a la del condicionamiento y la programación sociales).
- … a sanarnos y dejar que se revelen *a través de* nuestro sistema sensorial estados de ser más profundos, mágicos?
- … a entrar en una relación de mayor intimidad con la mujer que somos?

A rebosar de vida.

A dejar que brote en nosotras un placer tan desbordante, a estar tan en la gloria, que sencillamente no nos quede puto espacio para seguir cargando con la culpa y la vergüenza de las mujeres que nos han precedido. A que el cuenco pélvico nos deje de doler por el trauma femenino que ha llevado dentro generación tras generación, y en lugar de sobrellevarlo, lo metabolicemos, lo transmutemos, para que no nos destruya sino que, por el contrario, nos haga más fuertes y nos dé nueva luz.

No te dejes engañar,
el placer es tu derecho
de nacimiento.

La serpiente y la picadura de araña

Aunque la energía primordial siempre está presente y a nuestra disposición, a veces hace falta que la propia naturaleza la active y potencie.

En 2018, me picó una araña como una casa (en serio, tengo fotografías). Tuvimos que ir a que me examinaran la picadura y nos enteramos de que era de una araña ratón (*Scotophaeus blackwalli*), que es grande, marrón, peluda y por suerte NO venenosa. Como dato curioso, la especie migró al Reino Unido desde el Mediterráneo, y justamente allí estaba yo una semana después, en la isla de Mallorca, viendo a una mujer fascinante bailar en la plaza de un pueblo. (*Cómo no* me iba a parar a mirarla).

Me quedé hipnotizada viéndola zapatear, girarse y hacer ondas con el vestido al son de una pieza musical increíble, que me produjo una profunda agitación de vitalidad, honda tristeza y emoción en todo mi ser. Cuando terminó, me acerqué a ella y le dije que sus movimientos me habían conmovido. Me contestó que se alegraba mucho, porque de *eso* se trataba.

Le pregunté por el baile, imaginando que sería una danza folclórica tradicional española, y me dijo que no, que era originaria de Tarento, su ciudad natal, al sur de Italia, en la región de Apulia, y que se conocía como tarantela, la danza de la araña.

Le conté que la semana anterior me había picado una araña... porque ¿por qué no iba a contárselo? «¡Ah –dijo–, te ha elegido! Ahora estás poseída por la tarantela. ¿Cómo se cura? Música, baile y placer».

En el sur de Italia se creía antiguamente que la picadura de una araña lobo, frecuente en la zona, era venenosa y provocaba una enfermedad llamada «tarantismo». La víctima, *tarantata* (que era casi siempre una mujer), poco después de que le picara la araña entraba en una especie de trance, con temblores, agitación y excitabilidad, al que se denominaba «manía».

El único remedio era que la gente del lugar se uniera en un frenesí de bailes y toques de guitarra y pandereta. Los sonidos de los instrumentos se combinaban para crear un ritmo curativo que hacía que la *tarantata* empezara a mover el cuerpo de forma errática y a sudar el veneno de la araña.

Ma Malta

La picadura de araña se produjo en un momento de mi vida en el que estaba viviendo (a duras penas) lo que parecía ser una prolongada fase de luna oscura. Había varias situaciones vitales y alineaciones astrológicas en juego en mi carta natal que en aquellos momentos se traducían en que la vida era «auténticamente retorcida». (UN PUTO EUFEMISMO). Así que me fui a vivir a Malta.

Malta es un sitio donde he sentido la energía de Ma con una fuerza y a una profundidad para las que no tengo palabras; es un país sobre el que he escrito con mucho amor y pasión en mis libros anteriores y al que voy con regularidad para dejarme nutrir y amar por la Gran Mamá. Un lugar al que *decidí* irme a vivir para poder curar de verdad el gran pesar que había estado ignorando porque me superaba: la muerte de mi madre, de mi padre y de trece miembros de mi familia matrilineal en un periodo de dieciocho meses. Sinceramente, al final, no sabía ya por QUIÉN estaba de duelo. Así que me desconecté de todo, y funcionó de puta madre.

Es decir..., hasta que llegué a Malta.

Pensé que pasaría largos días en sus numerosos templos recibiendo códigos y transmisiones como había hecho tantas veces antes. Que pasearía, me empaparía de vitamina D, escribiría, soñaría, sanaría, tendría visiones, me regeneraría..., volvería a la vida.

Pensé que Ma Malta me abrazaría, me dejaría acurrucarme en su regazo mientras me acariciaba el pelo con cariño. NO LO HIZO.

En lugar de eso, lo que ocurrió fue lo que ahora llamo cariñosamente mi propio espectáculo de mierda espiritual (término técnico). Dicen que a dondequiera que vayas, allí estás tú. Pues bien, (quienesquiera que sean) NO se equivocan.

Pensé que el calor del sol me curaría. Pero llegamos durante una ola de calor; la gente se quejaba de que aquello «parecía el infierno». Estupendo. No tuve más remedio que sentarme al calor de la fogata en la que empezó a arder todo lo que había conseguido ignorar hasta entonces. Luego llegaron las tormentas, al parecer más fuertes que nada que los malteses hubieran visto en los últimos cien años: caían carámbanos del cielo, los escarabajos subían por las cañerías y salían por los lavabos y los fregaderos, la lluvia incesante provocó inundaciones. Y lloré, todas las lágrimas. TANTAS LÁGRIMAS.

Estos son solo algunos de los momentos más destacados de nuestra estancia en Malta. Física, emocional y espiritualmente fue... MUCHO. Por eso, después de una semana particularmente «intensa», le sugerí a mi marido, el Vikingo, que habláramos con Ma. Volvimos a visitar la cámara de los sueños y la creación en la necrópolis del Hipogeo de Hal Saflieni (se dice que entrar en ella es entrar en el «vientre del tiempo»), hicimos una visita al templo de Hagar Qim, dedicado a la Diosa Madre, y recorrimos los laberintos de Comino y Ta' Pinu. Y el día del solsticio de invierno, el Vikingo y yo vimos amanecer en el templo de Ggantija, en Gozo, una pequeña isla al noreste de Malta.

Es el templo que más me gusta de las islas maltesas (hablo extensamente de mi amor por los templos en *Amar tu paisaje de mujer*)* y un templo que me ha fascinado, que me ha llamado; un templo al que he llevado a muchas mujeres a celebrar rituales y ceremonias; un templo al que estoy convencida de haberle dedicado muchas vidas pasadas.

El escritor maltés Francis Xavier Aloisio cuenta que Ggantija se erigió para «conducir la energía cósmica a la Tierra y, concretamente, para atraer la energía regenerativa del paisaje físico circundante hacia el centro de los templos». Se consideraba lugar de renovación, con la serpiente –el signo de la diosa autorrenovadora, de la curación, el renacer, la transformación y la regeneración– como símbolo. (El símbolo que llevo yo, también, tatuado en

---

* N. de la T.: Editorial Sirio, 2022.

el brazo izquierdo. Nuestro lado izquierdo representa las artes «siniestras», el camino de la mano izquierda de la magia femenina.* La pitonisa es la voz oracular que reside en nuestro interior. Lo que quiero decir con esto es que ELLA, en forma de serpiente, y yo tenemos nuestra historia).

La respuesta de la serpiente

Así que invoqué a la serpiente del templo de este recinto sagrado en busca de un poco de claridad y con el amor y reverencia más profundos le pregunté: «¿De qué cojones va ESTO? ¿Toda esta experiencia? Está siendo todo una mierda absoluta, míranos a los dos, estamos ROTOS. ¿Cuándo llega la parte de la sanación? Por favor, y gracias».

Y me senté, envuelta en mi manta con estampado de leopardo, a esperar una respuesta. CUALQUIER respuesta. Porque sabía que la serpiente no siempre respondía de inmediato. De hecho, solo responde cuando le parece, y rara vez con palabras que se puedan escribir.

Pero... no me llegaba nada. NADA. El Vikingo me dirigía la mirada a cada momento como preguntando: «¿Qué te dice? ¿Qué tenemos que HACER?». Porque aquello de «¡vamos a mudarnos a Malta, a desconectar del trabajo unos meses, a sanarnos, a estar en contacto con la naturaleza!» de lo que había conseguido convencerlo, basándome en lo que habíamos vivido juntos la última vez que nos habíamos sentado en aquel templo, era evidente que no estaba funcionando ni de cerca como había imaginado.

Pasaron tres horas. Era casi la hora de cerrar y los vigilantes del templo nos miraban de reojo, como pensando: «Pero ¿esos dos todavía están

---

* N. de la T.: Los *caminos de la mano izquierda* y *de la mano derecha* (en inglés *Left Hand Path/Right Hand Path*) son términos utilizados en círculos esotéricos y mágicos cuyo significado ha sido muy diverso a lo largo de la historia. Entre las diferencias que se han atribuido a una y otra vía, quizá las más obvias son, por un lado, que las tradiciones de la mano derecha evitan el tabú, mantienen el *statu quo* dentro de una sociedad, sin romper sus valores esenciales, mientras que las tradiciones de la mano izquierda ponen el acento precisamente en romper los tabúes sociales, como forma de liberación. Por otro lado, en las tradiciones de la mano derecha se trabaja para que el alma ascienda y se reúna con la Fuente Divina, es decir, regrese al cielo tras la caída del hombre y la mujer, mientras que los practicantes del camino de la mano izquierda abrazan tanto la luz como la oscuridad e, invocando la fórmula alquímica *solve et coagula* ('disuelve y precipita'), hacen frente a la energía oscura para transmutarla en energía luminosa. Descienden hacia la unión con lo divino y se conectan con la energía suprema, la energía primigenia y divina.

ahí...?». Al apretarme más la manta alrededor de los hombros, instintivamente me llevé una mano al corazón y otra al cuenco pélvico, y entonces escuché, *a través de* ella.

Entra.

Desciende.

Entra.

Desciende.

Inspiré hondo, hasta más allá del corazón, más allá del vientre, hasta el fondo de mi caldero, mi cuenco pélvico. Al empezar a exhalar, «vi» una serpiente pitón enroscada en la base de mi cuenco pélvico. Estaba muy quieta, como adormecida, y desde el punto central de su cuerpo enrollado emergió Glastonbury Tor, la torre que se alza en la emblemática colina que domina la ciudad de Glastonbury, en el suroeste de Inglaterra; un lugar envuelto en misterio y sobre el que existen un sinfín de leyendas.

¿Qué? ¿Que tengo que volver a Inglaterra, a Glastonbury? Ni de coña. Estoy sentada en un templo megalítico de Malta que es un lugar de curación regenerativa al que hace miles de años la gente venía a revitalizarse y renovarse... EXACTAMENTE la medicina que estoy buscando, que quiero, que NECESITO en este momento más que nunca, ¿y esta zumbada me sugiere que vaya a Glastonbury?

Seguro que hay algunas palabras o movimientos de manos que puedo usar para activar la magia en ESTE sitio. (He visto la serie The OA,* *así que sé cómo se hace). Y si eso no funciona..., entonces ¿a qué he venido a este sitio, qué pinto yo aquí? ¿Qué coño he estado haciendo con tanto ondear de brazos y gestos de reconocimiento a TODO?*

Como si estuviera escuchando mi monólogo, la pitón se enroscó alrededor de mi visión de Glastonbury Tor, empezó a ascender por mi cuerpo, se me plantó delante de la cara, me miró a los ojos, y oí:

La magia eres TÚ.

TÚ eres la medicina.

TÚ eres el hechizo.

Ah, pues mira que bien. ¿Y qué hago yo con eso? Pero ¿tú me estás viendo? Estoy hecha una mierda y NECESITO ayuda.

TÚ eres la Maga.

---

* N. de la T.: Serie estadounidense de misterio y drama con elementos de ciencia ficción, sobrenaturales, creada y producida por Brit Marling y Zal Batmanglij en 2016.

LA MAGIA ERES TÚ

Venga, ¡no me jodas!

Me levanté, agarré mis cosas, tomé de la mano al Vikingo y salimos del templo. Pero lo que ahora sé, y entonces no sabía, es que todo esto formaba parte de la búsqueda de Ma. Y Malta –la tierra, sus templos y sus elementos– era y es la más fiera de las frecuencias de amor de Ma. Iniciática sin absolutamente NINGUNA floritura.

¿Y la serpiente? Bueno, la serpiente, la pitonisa, es hoy guía e impulsora de mi conexión con mi propia fuente y la manifestación de mi magia. Que es por lo que el Vikingo y yo respondimos a la llamada de la serpiente –la llamada de mi pitonisa– y nos marchamos a Glastonbury (la mítica isla de Avalon), donde retornamos al chakra del corazón de la Tierra, maltrechos, magullados, desconcertados y rotos.

La parte realmente retorcida

Intenté recomponer a Lisa, pero nada de lo que hacía servía de NADA.

Nada tenía sentido. NADA.

Empecé a tener miedo, a desconfiar, a dudar de TODO. Pensé que me estaba volviendo loca.

No tengo la menor duda de que tú también has estado AHÍ. Los detalles serán distintos, claro, pero los sentimientos, la sensación profunda en el vientre de *no hay forma de salir de esto, me voy a morir, no veo nada, me ahogo* ES la misma, ¿verdad? Una ruptura. Una crisis. Cuando lo has perdido *todo* y estás de rodillas en el suelo. Cuando de verdad no sabes si vas a salir de esta. Cuando no te reconoces. Cuando NO tienes ni puta idea de quién eres.

Cuando todo lo que creías que era real y verdadero ha ardido hasta los cimientos y mientras rebuscas entre las cenizas de quien *eras*, encuentras un rescoldo, un resto de ti, pero en cuanto acercas los ojos se desintegra, para asegurarse de que no vuelves atrás, de que no puedas volver, de que no volverás nunca.

Deshecha

Sentada entre las cenizas, añoraba con todo mi ser el aroma y el sabor de quien había sido.

El sabor de una mujer extrovertida y divertida.

El sabor de una mujer audaz.

El sabor de una mujer que era fieramente creativa, en la forma de vestir y de decorar su casa.

El sabor de una mujer a la que no le asustaba traspasar los límites ni cometer errores.

El sabor de quien era antes de que muriera toda mi familia.

El sabor de lo que era antes de que murieran mis hijos nonatos.

El aroma y el sabor de mi alegría, mi vitalidad y mi pasión, que murieron cuando murieron.

Lo único que había quedado era la cáscara rota de la mujer a la que había habitado.

Intenté coser los pedazos con hilo rojo y recomponerla.

Rellené los agujeros con hierbas medicinales y cristales de cuarzo.

Daba igual... Por mucho que lo intentara, se deshacía una y otra vez.

Y mientras el mundo, en su propio movimiento de cambio y transformación, se volvía cada vez más ruidoso y caótico, en Avalon, el chakra del corazón de Mamá Tierra, entré, descendí, me permití penetrar en el más oscuro de los lugares, y allí respiré y me deshice por completo.

La magia eres TÚ.
Tú eres la medicina.
Tú eres el hechizo.

El duelo

Es muy curioso cómo se vive el duelo en el mundo occidental. La aversión que nos producen la muerte y el dolor se manifiesta sobre todo en nuestra absoluta incapacidad para *estar* con el dolor, el nuestro y el de los demás. Es como si nos «concediéramos» un tiempo muy breve para «llorar» a la persona que ha muerto y luego tuviéramos que seguir rápidamente con nuestra vida y superarlo y olvidarlo.

Siempre hay alguien que nos dice que eso es lo que «él» o «ella» habría querido. (A mí me lo dijeron MUCHO. Sobre todo cuando murió mi madre. Solo que yo conocía a mi madre, y lo que ella *realmente* habría querido es que adornara su lugar de reposo con una cantidad desorbitada de flores y llorara sobre su tumba durante *al menos* un año o más. Era el dramatismo personificado).

A muy pocos nos han enseñado nada sobre la muerte y el duelo, ni sobre cómo acompañar a una persona que ha perdido a un ser querido, qué decirle y cómo honrar su proceso y escucharla. En mi linaje Viajero, es la tradición honrar los ciclos tanto de vida como de muerte de un ser humano: celebramos la vida de alguien y lo honramos en su muerte. Por el contrario, la actual corriente cultural y social glorifica todo lo relacionado con la «juventud», y concede poca o ninguna importancia a la muerte, al morir y al dolor que hay en torno a ello.

En la oscuridad

Aunque la muerte de mi padre fue una sorpresa, la de mi madre, cuatro semanas después, no lo fue. Y cuando a ellas se sumaron las muertes de trece miembros de la familia de mi madre –la familia entera– en el curso de los siguientes dieciocho meses, llegó un momento en que NO me quedaba ya capacidad para sentir, contener y ni siquiera saber qué hacer con tal cantidad de dolor.

Así que recurrí a la disociación y el aislamiento como mecanismos de supervivencia, y funcionaron muy bien. Hasta que... dejaron de funcionar.

**Pensaba que quería desaparecer,
pero lo que de verdad quería,
más que nada en el mundo, era que me encontraran.**

En la oscuridad, la vida me obligó a darme cuenta de la fuerza con que mi cuerpo estaba aferrado al dolor. A. TODO. EL. DOLOR. TANTO. TANTO. DOLOR. Lo estaba aguantando dentro con tanta fuerza que mi cuerpo entero era un contenedor blindado impenetrable que intentaba controlarlo TODO. La necesidad de controlar cada movimiento y cada detalle se hizo tan obsesiva que me distancié del resto de los humanos porque pensaba que me había convertido en una gafe, en una maldición, y que cualquier persona querida, cualquier persona con la que me riera y me divirtiera de la forma que fuese, moriría, y sería por *mi* culpa.

Me obsesioné con el Vikingo, con controlar cada movimiento suyo para saber dónde estaba en *todo* momento. La tensión de estar constantemente pendiente de que nada se me escapara de las manos o se desmoronara me provocaba tal agotamiento físico y mental que no me quedaba absolutamente ninguna capacidad para *vivir*. (E incluso aunque hubiera tenido la capacidad, tampoco me habría atrevido, por miedo a que cualquier movimiento mío *pudiera* provocar un desastre *más*).

Un proceso de cambio y transformación

Lo que tiene el duelo es que no es lineal. Es anárquico. Echa por tierra cualquier estructura y orden que hubiéramos imaginado sobre cómo «debía» ser, que es como supe que ELLA, la Gran Ma, en forma de DOLOR, había estado trabajando conmigo y a través de mí para crear espacio. Un espacio donde el dolor pudiera enseñarme e iniciarme: el dolor como misterio, como práctica, como vía de entrada a lo femenino, como forma de conectarme con mi propia fuente. En su libro *Refugio verdadero: encuentra la paz y la libertad en tu propio corazón despierto*, la profesora de meditación Tara Brach dice: «En la apertura ilimitada del dolor, hay una totalidad de presencia y una profunda sabiduría natural».

En última instancia, el duelo es un proceso de cambio y transformación. Lo mismo que vivimos el duelo por la muerte de un ser querido, es posible que lo experimentemos también (y, de hecho, nos ayudaría mucho tomar conciencia de ello) en cada portal de cambio y transición que se presente en nuestra vida: un divorcio, un aborto espontáneo, un aborto inducido, una mudanza, un cambio en el mundo, un cambio en alguien cercano...

Lo que ahora sé sobre el duelo es que
muchas veces se presenta
como lo que Ayesha Ophelia (@ayeshaophelia
en las redes sociales), que
además de ser mi amiga es una gran
maestra en todo lo relacionado con
el duelo, llama los «pequeños duelos» –aquellas
contrariedades y desencantos que tienes la sensación
de que te están afectando más de la cuenta–,
que actúan como portal de acceso al GRAN duelo.

También es posible que tengas ese sentimiento de duelo cuando menstrúas, si tenías la esperanza de estar embarazada y acabas de descubrir que no lo estás; o cuando dejas de menstruar y entras en la menopausia; o cuando consigues al fin lo que tanto querías, y eso significa tener que dejar atrás tu antigua forma de ser. La experiencia del duelo es muy personal, tiene su particular cualidad para cada ser humano.

Transformada para siempre

A ver si me entiendes, la muerte de algo (lo que sea) *da miedo*, y no tenemos por qué fingir lo contrario. Es totalmente comprensible que nos aterrorice la idea del «ocaso», porque la terminación, la pérdida y el cambio tienen el poder de hacer que nos sintamos impotentes, sin control sobre nada.

El paisaje a nuestro alrededor cambia a cada momento, es algo a lo que estamos acostumbrados, pero desde 2020 ha cambiado *todo*, y no se nos ha enseñado, ni nadie nos está explicando (de una manera auténtica, al menos), cómo orientarnos y desenvolvernos en lo desconocido, cómo ajustar nuestras expectativas de nosotras mismas y de los demás. Y como resultado, la mayoría nos estamos haciendo mucho daño intentando ser «normales», intentando seguir con nuestra vida como si nada, intentando desesperadamente que las cosas sigan funcionando como antes.

Pero nada es lo mismo. NOSOTRAS tampoco. Si seguimos intentando arreglar esto y aquello o manipular y controlar las cosas para que todo se quede como era, es imposible que haya un renacer. El renacer solo puede ocurrir por la aniquilación de todo lo anterior; solo cuando algo ha dejado fundamentalmente de ser lo que era puede ser nuevo.

Rendirse a ello es un arte y un ejercicio de coraje y fusión con Ma. Es estar dispuestas a recibir en toda su potencia la magia transformadora, la medicina y la energía primordial que vibran en el ciclo de morir y renacer. Por supuesto, es mucho más fácil hablar de ello cuando no se está EN ello.

He hecho del duelo una práctica (como verás dentro de un momento). *Ya*, TAN propio de Escorpio, ¿verdad? Lo he hecho porque, si CONOCE-MOS este lugar, si creamos un receptáculo en el que contener, transmutar y encarnar nuestro dolor, en nuestro propio ser, si le damos espacio, si dejamos que nuestra capacidad para afrontarlo se expanda, le damos espacio también a la posibilidad de que afloren más creatividad, poder y sabiduría.

INVITACIÓN:
DÉJATE CONMOVER POR EL DOLOR

En esta práctica hay tres pasos, y puedes hacer uno, dos o los tres. También puedes convertirla en un ritual o adaptarla a tu propio ritmo. Yo suelo asegurarme de sacar tiempo para hacerla los días 28 y 29 de mi ciclo menstrual –justo antes de empezar a sangrar– o inmediatamente antes de la luna nueva, durante la luna oscura. La hago al caer la tarde, cuando sé que nadie me va a interrumpir. Después, me meto en la cama con una taza de té y aprovecho para dormir más horas esa noche o pongo la televisión y veo algo sustancioso y reconfortante que contribuya a la integración.

QUÉ VAS A NECESITAR

Tu diario y un bolígrafo; una vela (opcional)

QUÉ HACER

✫ En primer lugar, reconoce todos los pequeños «duelos» que están presentes en ti, esos a los que por lo general no concedemos demasiado espacio ni importancia. Por ejemplo, tal vez eres madre y te sientes fundamentalmente sola en todo lo relacionado con la crianza. Tal vez te sientes impotente frente a las cosas que pasan en el mundo. O tus opiniones son tan diferentes de las de tus amigas que tienes la sensación de que ya no encajas en el grupo, que estás fuera de lugar. Quizá habías planeado que tu vida fuera de cierta manera y es evidente que la realidad no se le parece en nada.
Escribe en tu diario todos estos pequeños duelos: sácalos de ti y siéntelos, reconócelos y hónralos como merecen.

✫ A continuación, haz una lista de reproducción con canciones que te TOQUEN la fibra. Incluye canciones que sabes que son tan desgarradoramente preciosas que te harán llorar y otras que estén asociadas en ti con algún recuerdo emotivo. Por ejemplo, yo no puedo poner «Empty Chairs and Empty Tables», de Les Misérables, y no acordarme de mi madre. (E inevitablemente llorar, porque era su canción favorita).
Escucha la lista de reproducción y deja que el corazón se te abra de par en par.

✫ Luego, busca un lugar cálido y acogedor y tócate el vientre, masajéatelo, agárralo con suavidad entre los dedos. Continúa haciendo lo mismo sobre el cuenco pélvico, el pecho y la parte delantera del cuello y la garganta. Básicamente, es una invitación a que recorras suavemente y con amor la parte delantera de tu cuerpo, el cuerpo «sensible», las partes que, cuando están expuestas, suelen ser las que sentimos más vulnerables. Las partes de nosotras que normalmente NO se tocan cuando vamos a que nos den un masaje (a menos que vayas específicamente a que te den un masaje del mismo tipo que este, como es obvio).
Ve despacio, sé amable y delicada contigo, porque la parte delantera del cuerpo, el cuerpo «sensible», es también donde las situaciones y circunstancias de la vida nos van haciendo crear una sólida armadura que nos proteja del mundo. Y muy

a menudo es detrás de esa armadura, debajo de la piel, en lo más profundo de la fascia, donde reside el dolor.

✦ *Cuando sientas que has llegado a un estado y un espacio que sean la compleción natural de la experiencia, prepárate una infusión de alguna hierba medicinal, envuélvete en una manta, trátate con delicadeza y con mucho amor y permítete integrar y digerir todo lo que haya surgido y se haya movido a través de ti.*

Te invito por tanto a que reconozcas los «miniduelos», hagas una lista de reproducción y, suavemente, con todo tu amor, te acaricies el vientre, los pechos, el esternón, el cuello, la garganta –también, si quieres, las axilas y los lados del cuerpo– y dejes a continuación que el dolor te mueva. Deja que te conmueva Y que se mueva dentro de ti.

Quizá te haga bailar, o balancearte suavemente, o llorar. Yo hago esta práctica en el dormitorio porque a veces necesito darle puñetazos a la almohada o enterrar la cara en ella y gritar. Procura NO detener lo que quiera moverse a través de ti. Pero a la vez sé fieramente responsable en lo referente a tu bienestar en todo momento.

Tal vez tengas miedo de que, una vez que empieces, ya no puedas parar nunca, pero RARA VEZ ocurre. De todos modos, si crees que te sentirás más tranquila, puedes programar un temporizador o, como hago yo, encender una vela para marcar el comienzo de la práctica y apagarla cuando hayas terminado.

· · ·

Deja que el dolor
te revele.

Rendición

El auténtico poder del duelo está en dejar que el dolor nos desintegre y nos disuelva por completo.

Cuando experimenté mi propio ocaso, y caí hasta las profundidades de mi subsuelo, quería gritar con todas mis fuerzas: «¡Ya basta, déjame salir!». Y creo recordar que, *alguna que otra vez*, lo hice.

Intenté hacer tratos con Ella. Luché por salir de allí abajo CON UÑAS Y DIENTES.

Hasta que... llegó un momento en que estaba absolutamente agotada. Tenía los brazos literalmente en carne viva de tanto rascarme. Ya no me reconocía en el espejo y ya no me quedaba fuerza en las manos para seguir apretándolas y sujetar TODAS. LAS. COSAS.

ME RENDÍ. Dejé que se me cayera todo. Todos los pedazos. Deshecha.

Morí a todo lo que creía saber que era verdad sobre mí (y sobre el mundo) y me quedé sentada en la oscuridad. En el absoluto no saber (*y si esto no es, ¿entonces?*).

No aparté la mirada. *Quería apartarla.*

Me quedé de verdad ahí, quieta. *De verdad que no quería.*

Ahí, quieta

La mayoría de las veces queremos salir corriendo del subsuelo, de la oscuridad, de la angustia. Y sin embargo –y esto se ha convertido en mi mantra para TODAS las cosas–, quedarnos ahí, quietas, es una parte fundamental del proceso. Cuando realmente nos rendimos al dolor, EN el fondo del pozo (recordando que donde hay un pozo hay una fuente de energía), tenemos la oportunidad de experimentar la disolución y la transformación del dolor. Es aquí donde lo insoportable puede transmutarse en soportable. Es un pozo alquímico.

No lo fuerces, no hagas nada, solo estate en la profunda oscuridad del no saber. Es una etapa increíblemente enriquecedora, estar en las profundidades desnudas de todo. No es fácil aceptar cada etapa del proceso de duelo; lo más frecuente es que, en esta, hagamos lo que sea para escapar del sentimiento terriblemente angustioso de estar con nosotras mismas.

Se nos ha condicionado a tener miedo de sentirnos «deprimidas» (o de sentirnos como sea) con «demasiada» intensidad; si ocurre, se nos recomienda normalmente que «cortemos por lo sano». Sin embargo, es en la oscuridad donde nuestras raíces se hacen fuertes y nos dan la firmeza y la fuerza para crecer.

En realidad –y esto es MUCHO más fácil de decir, y de saber que es cierto, cuando NO se está en la oscuridad y en las profundidades del dolor–, es una etapa en verdad mágica. Para que haya vida nueva, ha de haber muerte. Tal es la naturaleza de lo que es.

Pero en mi caso, y muy probablemente también en el tuyo, esto no significa que no fuera... terrible. Al llegar al punto en el que creía que al fin iba a llegarme la claridad y a producirse la sanación, fue como si cada bajeza y torpeza que había cometido en esta vida se hicieran tan GIGANTESCAS y REALES que me hicieron vomitar. Cada persona a la que había ofendido deliberada o despreocupadamente, cada palabra mía que había herido a alguien, cada acción mía que –por la razón que fuera– no había sido bien recibida salieron todas a la superficie.

NOTA: Te cuento esto porque, si te ocurre algo parecido, ahora o en el futuro, no quiero que pienses que los guías o profesores o maestros no experimentan la misma clase de mierda que el resto de los mortales. O que son seres TAN avanzados espiritualmente que no necesitan «limpiar», «purificar» y «rendirse»; porque NO es verdad. Lo que más les deseo a quienes han despertado a su experiencia de esta vida, y a quienes eligen hablar de ello como guías o profesores o maestros (o son elegidos para compartir lo que saben o no saben), es que lo hagan «sin disfraz».

No tengo palabras para lo doloroso que en general me resulta *todo*. Porque estar despierta y viva a TODO, y asumir la responsabilidad de tus acciones, y reconocer qué parte es «tuya» en cualquier contexto –para prenderle fuego una vez que has mirado bien si hay algo que puedas aprender de ella– y qué parte es una proyección de otras personas y por qué proyectan eso en ti, haciendo uso del discernimiento para distinguir lo uno de lo otro, y ser capaz de tener entonces compasión hacia ti misma y hacia los demás –en lugar de juzgarte o juzgarlos–, Y dejar que la alegría, el placer y la felicidad te broten de dentro con la mayor intensidad y frecuencia posibles a la vez que tratas de comprender qué cojones hacemos aquí..., en fin, NO es fácil.

Nadie nos cuenta esto. Porque, desgraciadamente, la industria del «bienestar» y la «autoayuda» quiere vendernos curas y remedios que lo arreglen todo. ¿Vivir «el proceso»? ¿TODO esto? NO es sexi, ni fácil de empaquetar, y la realidad es que no vende. Sin embargo, la realidad es que vivimos en constante proceso de devenir y, más que NADA en el mundo, necesitamos TODOS un poco de orientación sobre cómo mantener el rumbo y mantenernos a flote en este proceso de continuo cambio e incertidumbre. Y necesitamos que aquellos en quienes buscamos esa orientación nos hablen de verdad de TODAS las partes del proceso.

El fiero e incondicional amor de Ma

Me sentí nada. Sentí que *nada* tenía sentido. (No lo tenía. La realidad es que no lo tenía). Sentí que no había nada que nadie pudiera decirme, o decir de mí, sobre el ser tan aborrecible que era que no supiera ya.

¿Los pensamientos? Eran oscuros. TAN oscuros... No todos me atrevía a escribirlos, por miedo a darles vida. No podía ni quería comer. Pasaba de estar estreñida a lo que el Vikingo llamaba «la cagada sagrada». (¿Ves? Nadie habla de ESE tipo de limpieza y purificación, ¿a que no?).

No podía hacer más que estar donde estaba. Sentir de verdad cada sentimiento con la esperanza de, tal vez, en algún momento, de alguna manera, poder transmutarlo. Seguí sentada en la oscuridad con todo; me asustaba a veces de lo oscuros que eran los sentimientos. Estoy orgullosa, auténticamente orgullosa, de haberme atrevido, incluso en los momentos más espeluznantes, a luchar en el barro contra el fiero amor de Kali Ma. *Una vez más.*

El amor de Kali Ma NO es el dulce amor de mamaíta que dice «¡Ah!, la nena se ha hecho pupa, ven que le damos un besito a la rodilla».* No, es un amor que te sale al encuentro en los sitios más tenebrosos de ti –los sitios que te han dicho o crees o imaginas que te hacen tan abominable que nadie te querrá nunca– y te agarra y lucha contigo en el barro para someterte. Con amor.

Su amor.

Amor feroz.

No te equivoques. Kali Ma te DIRÁ lo que piensa, te HARÁ responsable Y te abrazará con AMOR, a pesar de todo.

Te encontrará exactamente allí donde estés –ya sea sintiéndote abandonada, o sintiendo que no mereces que nadie te quiera, o desesperada porque nadie te escucha o porque no haces nada bien– y te amará. Fieramente.

Su fiero amor es fuego. Arde con ferocidad y por necesidad.

Es un amor protector, y te protege sobre todo cuando estás en la oscuridad y despojada de todas las capas, reducida a los huesos.

Es aquí donde más desnudas y expuestas estamos. Y es aquí donde más posibilidades tenemos de conectar con los sentidos, de recuperar la cordura.

De activar la visión interior y «ver» lo que se revela.

Los sentidos se agudizan. Tenemos acceso a la verdadera sabiduría. (Porque actualmente es superfácil, más fácil que NUNCA, acceder a cualquier clase de información. Pero ¿sabiduría? A ese conocimiento profundo solo es posible acceder de verdad a través de la conexión con la Fuente, de una intensa atención y una experiencia vivida hasta la médula). Y es aquí

---

* N. de la T.: La diosa Kali está entre los dioses principales del hinduismo. Es la *shakti* o «energía desatada» del dios masculino Shiva, a quien se considera uno de sus consortes. Representa el aspecto de la divinidad airado y destructivo. En las creencias tántricas, por encima de esta imagen suya de criatura de aniquilación, se la considera la «realidad última» y la «fuente del ser». Su nombre parece ser una versión femenina de la palabra sánscrita *kāla*, que significa 'oscuridad' o 'mujer negra'.

donde realmente descubrimos y sentimos lo que significa confiar en nuestros instintos y empezar a «ver» en la oscuridad.

El vacío de NO objetos

Mira, cuando te duele la mandíbula por la TENSIÓN de vivir siempre temiendo que las cosas no sean como «deberían ser», o cuando la niña buena que hay en ti se pasa el día intentando complacer a todo el mundo para que reine la paz, o cuando tienes los nudillos blancos de tanto esforzarte por controlar una situación y lo que resultará de ella, y te duele el cuerpo entero de tanto intentar sostenerlo TODO EN PIE, y a la vez tienes miedo de que, si abres los brazos y te rindes, las cosas puedan ponerse muy jodidas, las emociones puedan desbordarse, no seas ya la mujer que todos creen que eres o quieren que seas..., la solución NO es buscar ayuda fuera de ti, añadir un ingrediente más, intentar arreglar la situación ni tampoco reaccionar.

En vez de eso, respira hondo, cierra los ojos y SÉ en la oscuridad de lo desconocido.

El vacío, el lugar de NO objetos y TOTAL posibilidad.

Deja que ese lugar te (y nos) recuerde que lo desconocido nos es CONOCIDO.

Es el terreno fértil para la posibilidad creativa.

Sí SABEMOS qué hacer ahí.

Cada vez que la luna «se vacía de curso», estamos en territorio desconocido hasta que avanza a su siguiente signo astrológico.

Cada vez que el día se torna en noche. Que estar despiertas se torna en sueño profundo. Que el otoño se torna en invierno.

Cada vez que la luna se sume en la oscuridad al final de CADA ciclo, antes de ser luna nueva, y deja de verse en el cielo, y nos quedamos sin su luz, sumidas en la oscuridad igual que ella y obligadas a estar a oscuras, en lo desconocido.

NO le tenemos miedo a la oscuridad, ¿recuerdas? Es donde echamos raíces, raíces fuertes. Es donde, si nos damos permiso, podemos descansar, restablecernos y regenerarnos. Donde podemos desconectar de toda la información y el ruido externos y volvernos hacia dentro y sintonizar con nuestra magia y nuestra propia sabiduría, y recibir las más profundas visiones y revelaciones.

INVITACIÓN:
EN EL VACÍO DE NO OBJETOS

Afloja cualquier parte del cuerpo que esté tensa.

Cierra los ojos y dirige la atención hacia dentro. No busques nada fuera de ti, no te distraigas.

Siente los pies asentados en Mamá Tierra, ponte una mano en el corazón y otra en el cuenco pélvico y s i e e e n t e el vacío de NO objetos.

Comprende y acepta que en este momento no hay nada que arreglar, nada que sanar.

¿Puedes estar presente al dolor que vive actualmente dentro de ti?

¿Puedes permitir que tu sistema sensorial s i e e e n t a lo que ves sin tratar de encontrarle sentido?

¿Puedes permitir que tus sentimientos y sensaciones estén simplemente presentes?

Claro que puedes, porque sabes PERFECTAMENTE lo que es posible aquí.

CUALQUIER COSA. TODO.

Es así de simple y así de complejo.

...

La verdad de fondo

Seamos sinceras, no creo que nadie se muera de ganas por ir a ese sitio: «¡Eh, apúntame a la exploración esa del dolor en la oscuridad!». Y, sin embargo, es cuando la luna deja a oscuras el cielo nocturno, es en la fase de menstruación del ciclo menstrual, en los días más crudos y oscuros del invierno, en la oscuridad de la noche, en el vientre de tu ser, en el agujero negro del cosmos, en nuestra experiencia de la muerte y el dolor donde se nos da la oportunidad de aprender y vivir esencialmente la verdad desnuda. De experimentar qué es lo auténticamente ESENCIAL, lo que de verdad importa.

✫ Una pequeña ayuda ✫
La protectora

Esta mezcla de aceites esenciales es nutritiva, calmante y purificadora, lo cual es muy de agradecer cuando te atreves a mostrarte y expresarte como tu madre te trajo al mundo. La creé en aquel tiempo de oscuridad (así que es buena también para las sensaciones que preceden a la luna oscura), la época en la que tenía ganas de rascarme hasta arrancarme la piel y llegar al hueso.

Combina aceite esencial de loto rosa (es una putada lo caro que es, pero me lo agradecerás), aceite esencial de rosa y aceite esencial de hisopo. Intenta no oler el de hisopo por separado porque es muy... intenso. Y úsalo con moderación (este y los demás aceites); además, NO uses el de hisopo si estás embarazada. Sin embargo, es supersagrado y maravilloso para la purificación.

Puedes añadir esta combinación de aceites, con un poco de aceite de nuez como base, a un exfoliante hecho con sal marina y utilizarlo cuando te des un baño. También funciona muy bien en un difusor.

...

Ma de la Materia Oscura

Si en este momento te sientes desgarrada, rota, desconectada, descoloca-da, sumergida EN el más profundo no saber del espacio intermedio, tienes que conocer a Ma de la Materia Oscura. (Si no te sientes ninguna de estas cosas, date un gran abrazo por todas las veces que HAS estado en ese lu-gar y has sobrevivido. Luego marca esta página por si alguna vez vuelves a encontrarte ahí).

Ma de la Materia Oscura es la iniciadora de la transformación. En Su presencia, lo único que hay que hacer AHORA y SIEMPRE es rendirse.

El momento en que más oscuro se ve todo es justo antes del amane-cer, y NOTARÁS una sensación de malestar. Si respiras *d e s p a a a c i o*, y te rindes, descubrirás que ese malestar es un TESORO; quizá no lo descubras de inmediato, pero en el momento en que te rindes te das la posibilidad de descubrirlo.

Entra desnuda en el círculo de fuego. Deja que se te caigan todas las máscaras, el engreimiento, las distintas versiones de ti, los pensamientos y creencias obsoletos, las ideas de quién eres, lo que crees que debería estar pasando en el mundo, todos los juicios sobre cómo deberías y deberían todos hacer las cosas y sobre cómo deberíais comportaros ellos y tú, todos los comentarios rancios en las redes sociales, todas las instrucciones de lo que *convendría* que dijeras, fueras o hicieras para ser una «buena» persona. Deja que se te caiga todo y ríndete.

Ríndelo todo.

Como siempre, quiero dejar muy claro que todo lo que comparto aquí contigo es una invitación. Si en este momento estás sumida en lo más oscuro de la oscuridad, tal vez sea ya mucho haber conseguido levantarte de la cama. Si es así, mírate en el espejo, hazte un guiño y un gesto de reconocimiento con mucho amor por haber tenido fuerzas para hacerlo y luego sé amable contigo y ofrécete algo que te haga sentirte bien.

Ya lo he dicho antes, pero Estos Tiempos, los tiempos en que nos encontramos *en este preciso instante*, colectivamente, son la preparación para Lo que Viene Después. Son un canto de sirena para que tú, como maga, recibas y reúnas información (en las condiciones adecuadas para ti y a tu ritmo), la s i e e e n t a s en tu cuerpo y utilices el discernimiento en consonancia con tu remembrar profundo: el conocimiento que existe más allá de las palabras y la información. De ese modo confiarás en ti a la hora de tomar decisiones y, alimentada por la energía que mana de tu propia fuente, actuarás en consecuencia.

Recuerda que no soy tu maestra. Soy una orientadora, una guía, alguien que está compartiendo contigo lo que ella ha descubierto, su experiencia y su medicina por la posibilidad de que te sean de ayuda en TU proceso. Y me tomo ese papel muy en serio. Pero eres TÚ, conectada con tu propia fuente, con confianza en tus instintos y en el saber que experimentas, quien revela TU realidad y cocrea TU experiencia viva.

∞ Ritual: Ma y el círculo de fuego ∞

¿Estás cantando la canción «Ring of Fire»?* Yo SÍ. Sube el volumen, a tope... Vale, ahora que tenemos esto resuelto, empecemos.

Qué vas a necesitar

Una vela (opcional); pétalos de rosa (opcional); tu diario y un bolígrafo.

Qué hacer

En primer lugar, crea un círculo de poder a tu alrededor, ya sea con pétalos de rosa o apuntando con el dedo, e invoca a tu equipo de asistentes: aquellos que te protegen.

✯ Dependiendo de dónde estés y de lo que tengas a mano, enciende una fogata, o una vela, o imagina un fuego delante de ti. Mira fijamente las llamas —reales o imaginarias— y pide que tu mente esté clara, que tu visión interior esté enfocada y que el amor sea tu prioridad. Imagina que a tu alrededor hay un anillo de fuego. Depurativo, purificador, un círculo de recapitulación.

✯ Siéntate con la columna recta o ponte de pie y siente un peso en el caldero alquímico, el cuenco pélvico. Relaja el vientre y deja que se abra el corazón. Si notas alguna opresión u obstrucción en tu cuerpo, date una suave sacudida y siéntelo aflojarse

✯ Ponte una mano en el corazón y la otra en el cuenco pélvico, conecta con la respiración y declara en voz alta: «Me rindo. No tengo miedo». Nota cualquier sensación o emoción que aparezca en tu cuerpo mientras haces esto. Sigue respirando.

✯ Estate EN tu cuerpo y escucha tus necesidades. Ahora hazte la siguiente pregunta: «¿Qué tiene que arder?».

---

* N. de la T.: Canción de 1963 del cantante estadounidense Johnny Cash. Es una de las canciones más populares de la leyenda del *country* y del *rock*, y esconde la historia de un romance intenso y doloroso.

Date tiempo. Respira. Estate presente. Tal vez surjan sensaciones un poco molestas, pero trata de quedarte con ellas. Y mientras detectas lo que la pregunta evoca en tu cuerpo y en qué lugar de tu cuerpo, y lo sientes, recuerda que lo que recibas puede que no revelarse, darse a conocer, de forma lineal.

Así que, si se manifiestan símbolos, colores u olores, reconócelos y anota en tu diario las respuestas que despierten en ti; si lo prefieres, puedes decirlas en voz alta y grabarlas en el móvil, o concretarlas en forma artística, o mover tu cuerpo para expresarlas.

✷ Cuando te parezca, vuelve a conectar con la respiración, el cuenco pélvico y el corazón. Luego declara las siguientes palabras en voz alta:

«Soy valiente. Tengo auténtico coraje, y un gran corazón, y estoy aquí para contribuir a la creación de nuevas posibilidades que sean para el bien de toda la humanidad».

Inhala profundamente hasta el interior de tu centro, tu cuenco medicinal. Retén el aire y la energía en ese espacio, deja que hagan su trabajo alquímico, siente el calor del fuego. Deja salir el aire, y que la exhalación sea sonora e intencional. Hazlo entre cinco y ciento nueve veces. Tú decides.

✷ Mientras estés en este círculo de poder y protección, si hay alguna intención que quieras poner en marcha, que quieras que el fuego «encienda», este es EL portal de poder donde hacerlo. Con intensidad de energía, declara tus intenciones en voz alta o escríbelas.

Luego inhala y, al exhalar, repite la palabra *Ma* una y otra vez hasta que haya salido todo el aire. Hazlo entre cinco y ciento nueve veces. (Aunque no hagas NADA más, haz ESTO: la frecuencia Ma lo es TODO).

✷ Cuando sientas que es el momento, y que el ritual ha llegado a su compleción, da las gracias a tu equipo de apoyo, apaga la vela y declara cerrado el círculo.

...

Después del ritual, bebe mucha agua, date un baño, come chocolate, haz el amor, pon las manos en la tierra, nútrete con comidas y bebidas deliciosas, haz algo que te haga sentirte bien. Y si, como yo, eres una mujer suprasensible que nota pitidos en los oídos y se marea cuando tiene la energía por los aires, respira hondo repetidamente para descender a tu centro, a tu cuenco medicinal, y haz lo que sea que a ti te ayude a estar en tu cuerpo. ¿ENTENDIDO?

Importas. ERES esencial

¿Cómo se manifiesta en TI la idea, el concepto de Ma, Mamá de la Materia Oscura, ese fiero amor incondicional?

Tal vez ha imperado en ti hasta ahora «la niña complaciente», o no te has sentido capaz de expresar a quien real y verdaderamente eres por falta de seguridad en ti misma, y ella te trae el fuego, te da incluso la cerilla para que *enciendas* lo que sea necesario en ti que te impulse a crear y a defender tu territorio sagrado y fecundo.

O...

... tal vez salga a tu encuentro EN el fuego, donde te consumen el delirio y la furia, y te abrace profundamente ahí, sin juzgarte, en reconocimiento de todo lo que eres.

O...

... tal vez se encuentre contigo en las cenizas de todo lo que fue, en el resplandor que el fuego ha dejado en el aire, y te recuerde el propósito de lo que acabas de vivir: que en la oscuridad de la materia esencial, ERES esencial.

En mí, se manifiesta en las tres, y ha estado presente en todo momento durante el periodo D. M. (después de Malta), en el que he tenido que rendirme una y otra vez, rendir todo lo que *creía* que era, todo lo que *estaba convencida* de que había venido a hacer en esta vida. Es en esa rendición donde continúo encontrándome con la pitonisa, un recordatorio de la sabiduría y la magia femenina de la mano izquierda que actúan en el horno de alquimia que es este portal.

Un recordatorio de que el acto de morir y el duelo tras la muerte son una inmensa experiencia mística que ocurre EN.NUESTRO.CUERPO. Sí, para nosotras mismas, pero también para el colectivo. Y cuanta mayor maestría tengamos en el arte de morir y vivir el duelo –cuanta más capacidad tengamos para reconocer y suavizar los sentimientos que antes rechazábamos, todo aquello de lo que nos hemos estado protegiendo, y más calma y coraje tengamos para *atravesarlo* todo, con la intención de salir completamente vivas–, más posible nos será profundizar en la experiencia de vivir y dar origen a un renacer, con fiero amor encarnado.

Fue al conocer a Ma, en el momento en que menos digna de amor me he sentido en mi vida –cuando pensaba que era «mala», que era una «maldición», que no merecía nada bueno: ni amor, ni bebés, ni una familia, ni placer, ni diversión–, fue entonces cuando SUPE lo que era el amor feroz, incondicional, y, principalmente, lo que era SENTIRLO.

Así es como ahora sé que puedo decir, con una mano en el corazón y la otra en el caldero alquímico, como alguien que está siempre y para siempre al servicio de la encarnación del Gran Amor de Ma, que no hay nada que otro ser pueda contarme, ya sea una clienta en una sesión o cualquier otra persona en la vida, por lo que no tenga la capacidad de sentir fiero amor y compasión.

¿Por qué? Porque ese amor me encontró antes a mí.

Todas las partes de mí expuestas, a la vista y para el conocimiento de Ma. De la Ma que hay *en* mí. Expuestas ante mí.

Y ahí, un amor tan fiero. Tan amada que me rendí al amor. Y el amor me rehabilitó, de vuelta al amor.

Y es lo que te deseo a ti, a TODAS nosotras. A TODOS los humanos.

NOTA: Afortunadamente, ahora sé que este es un proceso iniciático, pero hubo un tiempo en el que pensé que me estaba volviendo loca. (La razón de que tantas de las que nos asociamos con la arquetípica maga tengamos tal inclinación a investigar y estudiar aquello de lo que no se habla, lo que es «tabú», e incluso a dedicarnos profesionalmente a ello en algunos casos, es que *sabemos* que, detrás de lo aparente, hay algo mucho más profundo que descubrir. O quizá oímos y experimentamos cosas, fenómenos, voces espirituales que nos llevan a una apasionada búsqueda de significado trascendente).

Durante los muchos años que he pasado trabajando con mujeres como guía psicoespiritual, he visto cuántas de las mujeres que experimentan en un momento de sus vidas una u otra versión de esa oscuridad, de ese absoluto no saber, o bien se automedican para «seguir adelante» como si nada, o bien acuden a alguien que les receta medicación para sedar esos sentimientos, no vaya a ser que se «desborden».

A ver, no estoy en contra de la medicación ni la estoy juzgando. Ni mucho menos. Simplemente veo que a muchas mujeres se las califica de «locas» e «histéricas», se patologiza su comportamiento y se las medica, cuando en realidad es posible que estén experimentando algo profundamente espiritual e iniciático. El problema es que no existe en nuestra sociedad ningún sistema en activo que, de entrada, identifique las tensiones del emerger, o la emergencia, espirituales sin confundirlas con una enfermedad mental, y que, a continuación, ofrezca el espacio sagrado de conexión y apoyo que ese emerger necesita, y lo trate con la fiera reverencia que precisa Y merece.

Es en la oscuridad
donde echamos
raíces y nuestras raíces
se hacen fuertes.

Tierra de dragones

Te seré sincera, he estudiado el mito de la Diosa, atenta siempre a las fases de la luna, a mis ciclos menstruales y a los ciclos astrológicos del cosmos durante MUCHOS años, así que SÉ desde hace tiempo que la «muerte» –ya sea el proceso de una muerte metafórica, o el duelo tras la muerte real de alguien cercano, o ambas cosas– es imprescindible para renacer. Pero una no tiene ni idea de lo es realmente romperse y deshacerse ahí abajo en la oscuridad hasta que está de verdad AHÍ.

La oscuridad me despojó de todo. Me dejó desnuda. Mi cuerpo cambió de forma. Perdí amigos (porque no todo el mundo sabe estar EN la oscuridad o cómo estar con aquellos que lo están. Y, además, estar contigo ya no mola tanto. Así que ¿queda alguien? Los que se hayan quedado son tu gente. Quiérelos).

No necesitamos que nos salven

Ma de la Materia Oscura, la madre dragón, nos recuerda que JAMÁS necesitamos que nos salven de los dragones. ¡Ni hablar!, esa es una distorsión, un giro que se le ha dado a un cuento mucho más antiguo. En NUESTRA mitología viva, es aquí, en la oscuridad, cuando entramos y descendemos, donde Ma nos recuerda que es hora de volver a SER dragón: la energía primigenia, primordial, eternamente creativa y originadora.

Lo que pasa es que, cuando estés EN la oscuridad –y recuerda que la experiencia iniciática que a cada una nos haga ENTRAR será diferente, así que, por favor, NADA de comparaciones, esto no va de averiguar si tu oscuridad es MÁS o MENOS oscura que la de nadie–, cuando estés EN la

oscuridad, temerás que no vaya a acabar nunca. Pero acaba. *De verdad*
que acaba.

Puedo decir todo esto porque ahora estoy al otro lado (es decir, fuera) de esa determinada experiencia del subsuelo, que no fue la primera ni
será la última; está en mi naturaleza; es lo que tiene estar en sintonía con la
naturaleza cíclica de TODAS las cosas. Así que me encantaría, agradecería
muchísimo, que Kali Ma me diera un calendario de episodios de oscuridad
futuros, aunque fuera aproximado, pero desgraciadamente NO es su estilo.

De todos modos, estar presente EN la oscuridad, s i n t i e e e n d o y
«viendo» cada paso del camino a través de ella, dejando que nuestras raíces se establezcan con fuerza en el fértil vacío de NO objetos y en la incertidumbre total, ES como aprendemos a orientarnos en el espacio. Y ESO es
lo que se nos pide a todas en este tiempo actual en la Tierra: que confiemos
en nosotras mismas como madre dragón, conectadas de raíz a la fuente de
energía primigenia, primordial, creativa y eternamente alumbradora, y tengamos la fuerza y los medios para renacer, para rescatarnos a nosotras mismas DE la oscuridad y con fiero amor SACARNOS de ella.

No te hagas una casa en la oscuridad

La oscuridad NO es el sitio donde hacerte una casa para toda la vida. Parece bastante obvio, ya lo sé, pero cuando estás allí, si te quedas un poco de
tiempo, los ojos empiezan a adaptarse a la oscuridad de lo oscuro y pronto
te resulta todo extrañamente familiar, incluso te seduce la idea de quedarte
otro poco. Y luego un poco más.

Te aíslas, creyendo que esas cenizas de lo que fuiste son el sitio donde te tienes que quedar, porque no hay forma de que alguien como TÚ,
alguien que es... –inserta aquí todos los calificativos, procedentes de otros
y de ti misma, que te han sumergido en la vergüenza y la culpa y luego se
te han secado lentamente, gota a gota, adheridos al cuerpo, debajo de la
piel–, merezca poder revertir la maldición. Así que... no te queda otra que
conformarte con sobrevivir.

Pero una iniciación a través de Ma de la Materia Oscura, el comienzo
de tu relación con ella, es el comienzo de tu relación íntima con TODAS las
partes de ti. Conocerla es saber que, a través de la experiencia del dolor, la
decepción, la ira, la muerte y el duelo te has encontrado de verdad contigo

misma en la oscuridad. Y, ya ves, sigues aquí. Estás viva. Y porque has hecho esto mismo miles de veces antes, has tomado buena nota, para que ESTA sea la vida en la que no te conformes con sobrevivir sino que elijas vivirlo todo. La vida en la que elijas cuidarte de verdad y florecer. (Saciada y REBOSANTE).

Así que no te quedes a vivir en la oscuridad. Como maga, establece la intención de que el ocaso y el renacer sean juntos tu experiencia rítmica y de vivirla completa y con amor.

De que sean tu magia Y tu medicina. Tu danza Y tu canción.

Con tu corazón como brújula, estate EN tu cuerpo y vive EN ritual y ceremonia con la vida TODA. ABSOLUTAMENTE. TODA.

RIFF DE ELLA – QUE TU CORAZÓN SEA TU BRÚJULA

Shhhh, ¿lo oyes?

Es el latido de tu corazón.

Tu ritmo. Tuyo. Solo tuyo.

Es el tañido de tambor que siempre te dirigirá
de vuelta a casa,
a ti, a tus antepasadas, a tus raíces.

Es el sonido de la verdad, es el sonido
del amor, es el sonido de ti.

Que tu corazón sea tu brújula.

Si la vida no está siendo como crees
que debería, habla con él.

Si tienes que tomar una decisión importante, habla con él.

Si tienes miedo, si sientes dolor, si parece que la oscuridad
fuera a devorarte, déjate caer en tu corazón.

Las respuestas a TODAS tus preguntas están aquí,
solo tienes que quedarte quieta para poder oírlas.

Sentir profundo amor y gratitud expande
el corazón y te hace más capaz de alimentar la
bondad que hay en ti y en torno a ti. Así que nada
podría tener más sentido que, independientemente
de lo que esté pasando en tu vida ahora mismo,
hacer justamente eso, ¿no te parece?

El poder del amor

Ponte la mano en el espacio del corazón.

Aquí es donde reside la verdad de toda la existencia.

Eres la guardiana del corazón ardiente, eternamente expansivo y sanador.

El corazón que sabe que te han hecho daño y que has sentido dolor. Mucho dolor. Tanto dolor que harás todo lo posible por proteger a tu corazón para que *nunca* vuelva a sentirse así. Pero tu corazón no está hecho para vivir encerrado. Sus profundas cámaras son cada una como un templo del antiguo Egipto que atesora magia ancestral y el formidable poder de llevarnos de vuelta al amor. Una y otra vez.

Tu corazón tiene la capacidad de expandirse, de transmutar, de sanar, así que dale unos suaves golpecitos para recordarte que puedes s e n t i i i r l o todo y mantenerte presente EN tu corazón.

INHALA luz blanca hacia tu corazón y EXHALA un hermoso rayo verde esmeralda.

Ese hermoso rayo verde emana de tu cuerpo con cada exhalación.

Luz blanca hacia dentro, rayo verde hacia fuera .

Tú sabes que...

... el poder del amor SIEMPRE gana. SIEMPRE.

Así que te quedas con él. Susurras oraciones de gratitud directamente a la cara del miedo más atroz. Eres capaz de sentir cualquier oscuridad que se esté tejiendo insidiosamente en tu organismo. Y aun así, te mantienes en tu corazón.

Luz blanca hacia dentro, rayo verde hacia fuera.

Tú sabes que...

... el poder del amor SIEMPRE gana. SIEMPRE.

Sientes que tu corazón se expande físicamente, se hace etéreo, mientras usas el poder del color y de la respiración para llevar los miedos y la oscuridad al altar de tu corazón y dejas que el amor y la gratitud los consuman enteros.

No hace falta proteger al corazón. Es un espacio sagrado de sanación en el que entrar en comunión contigo misma, sentir el dolor y el terror y experimentar el desamor y la oscuridad, para que puedas expandirte y madurar emocional y espiritualmente, y llegar a un estado de total confianza en que...

... el poder del amor SIEMPRE gana. SIEMPRE.

Y cuando confías en tu corazón como brújula (tengo una brújula tatuada en el brazo, con el verdadero norte siempre apuntando a mi corazón, por si se me olvida), poco a poco, muy d e s p a a a c i o, puedes empezar a expandirte y saborear la alegría y el placer de estar contigo, sin reservas, con TODAS las partes de ti, EN tu cuerpo.

... el poder del amor SIEMPRE gana. SIEMPRE.

De vuelta a la picadura de araña

Si no me hubiera creado mi propio mundo, sin duda habría muerto en el de los demás.

ANAÏS NIN

¿Recuerdas la picadura de araña? (¡Te advertí que este libro sería una serie de hilos de palabras entretejidos, ¿verdad?!). Como ya he contado, ocurrió en un momento en el que estaba sentada en los rescoldos de lo que un día fui, preguntándome: «¿Quién seré cuando me levante?». Era consciente de que no podía ser una réplica de lo que había sido hasta entonces. No quedaba nada que poder replicar.

La picadura de araña y el encuentro con la maravillosa bailarina de la tarantela, que ahora es para mí Marie Rose, quedarían marcados como un «momento» de conexión con mi propia fuente, de «encantar» a mi serpiente interior y dar cabida a su energía primordial para que impulsara el floreciente ascenso enraizado en la oscuridad.

Cuando, delante de un cuenco de aceitunas y un plato de queso, Marie Rose me contó la historia de la tarantela –la danza de la araña, ¿recuerdas?–, observó que, en un mundo en el que a las mujeres se nos dice tan a menudo que estamos locas, es una medicina muy necesaria y debemos recordarla. Me pidió con la mayor claridad que la difundiera de *todas* las maneras posibles.

Desde entonces he estudiado la tarantela (estoy aprendiendo, muy lentamente, a bailarla y a tocarla también), y mi pregunta era y es: ¿y si la «manía» inducida por la picadura de araña fuera y es nuestro canto de sirena que nos negamos a oír, nuestro anhelo más profundo que nos negamos a sentir?

¿Y si la picadura de araña –recordemos que la araña representa a la Diosa Creadora, ELLA creando sin fin, dando a luz y tejiendo nuevas formas y mundos– era y es una sacudida del corazón, un recordatorio de mi capacidad para cocrear un mundo, conectada a mi propia fuente, en alineación con mi santa y verdadera naturaleza?

Cambiamos. Yo, como la serpiente, he mudado la piel *unas cuantas* veces. (Y hablo solo de ESTA vida). Que no te dé miedo desprenderte de una identidad, o muchas. Ser curiosa. Cuestionarlo TODO. Y luego, conscientemente, con determinación, con el corazón abierto de par en par, entrar, descender a tu caldero alquímico, a tu cuenco pélvico, y dar a luz *más* de tu devenir.

∞ RITUAL: ¿QUÉ SÉ QUE ES VERDAD? ∞

Esta práctica y oración corporal tiene el propósito de crear una base enraizada para Lo Que Viene Después. Para cuando nuestra vida está patas arriba, cuando queremos recuperar fragmentos de poder que cedimos a otros –o que nos han quitado– y cuando no nos reconocemos o ni siquiera sabemos ya quiénes somos. Necesitarás una hora para completarla, así que pide a tu familia o a las personas con las que vives que sean respetuosas contigo y con la práctica durante ese tiempo.

QUÉ VAS A NECESITAR

Una vela; pétalos de rosa (opcional); un cojín cómodo; tu diario y un bolígrafo; una lista de reproducción de entre tres y seis canciones que te encanten.

QUÉ HACER

En primer lugar, crea un círculo de poder a tu alrededor, ya sea con pétalos de rosa o apuntando con el dedo. Enciende la vela e invoca a tu equipo espiritual: tus guías y antepasados y aquellos que te protegen.

✶ Siéntate en el cojín y ponte cómoda. Cierra los ojos y, cuando estés preparada, respira hondo cinco veces. Inhala por la nariz mientras cuentas hasta cinco, contén la respiración contando hasta cinco, exhala por la boca contando hasta cinco.

✶ Cuando estés preparada, frótate las manos o da unas palmadas antes de colocar una sobre el corazón y la otra sobre el cuenco pélvico. Deja que la respiración siga siendo profunda y rítmica mientras te asientas dentro de tu cuerpo y diriges la atención a las palmas de las manos.
Imagina que las palmas irradian una luz blanca con partículas como de cristal, y envíala directa a tu corazón y tu cuenco pélvico. Deja que esa luz blanca sanadora y sus partículas de cristal recorran tu cuerpo. Déjate llenar de luz. Deja que esa luz permita que haya verdad y claridad dentro de tu ser.
Cuando estés preparada, ancla esa energía firmemente en el suelo que te sostiene, colocando las palmas de las manos y las plantas de los pies en el suelo con firmeza y pateando o dando pequeños golpes.

✭ De nuevo, cuando estés preparada, abre los ojos, ve a tu diario y pregúntate:

«¿Qué sé que es verdad, en este momento?».
«¿Quién soy ahora mismo, en este momento?».

No lo pienses demasiado; no tiene por qué ser coherente. Tampoco intentes pensar con lógica. Deja que salga una respuesta rápida directamente desde tu cuenco medicinal.

✭ Ponte de pie. Si no ha surgido una respuesta que hayas podido poner por escrito, puede que surja al empezar a mover el cuerpo. Y si se HA revelado alguna visión en forma de palabras, deja ahora que el movimiento la encarne.

Pon la lista de reproducción. Empieza por asentar los pies y sentir cómo establecen pleno contacto con el suelo que los sostiene. Luego deja que el ritmo y la melodía de cada canción te recorran el cuerpo. Deja que lo muevan como sea que tu cuerpo se sienta llamado a moverse y sigue moviéndolo.

Acaríciate el cuerpo y dale suaves golpecitos con la yema de los dedos mientras se mueve. Estate EN tu cuerpo. Si notas que te has desconectado, zapatea, ponte la mano en el cuenco pélvico, ponte la mano en el corazón, dirige la respiración al espacio que hay bajo las palmas de las manos mientras te mueves.

✭ Cuando la música pare, ponte una mano en el corazón y otra en el cuenco pélvico y quédate quieta en la vibración de ti y de tu cuerpo.

Ahora susúrrate tres veces: «La vida me llena de amor, soy digna de amor, soy amor». Anota en tu diario cualquier cosa que surja.

✭ Quédate quieta en silencio tanto tiempo como necesites. Cuando estés preparada, cierra el círculo.

· · ·

Te invito a que hagas esta práctica con frecuencia, a que dejes que tu cuerpo se mueva en respuesta a las preguntas «¿qué sé que es verdad, en este momento?» y «¿quién soy ahora, en este momento?» y notes la diferencia de sensaciones y movimientos cuando, por ejemplo, estás menstruando o te sientes estresada, o si la haces después del sexo, o antes de comer, o durante la luna creciente, o en cualquiera de los millones de marcos que influyen en ti y en tu cuerpo.

Si tienes tendencia a estar siempre en la cabeza, metida en tus pensamientos, es un acto de devoción a ti misma comprobar a diario la realidad de tu cuerpo. Darnos permiso para estar plenamente con ESA realidad –ya sea sentirnos dispersas, impotentes, llenas de alegría, invencibles o cualquier otra cosa en el espectro de los sentimientos– nos ayuda a estar presentes a nuestra presencia.

No tenemos intención de arreglar nada. Solo reconocemos dónde estamos, nos damos cuenta de lo que sentimos, estamos presentes con ello y seguimos conectadas a nuestro cuerpo para poder ubicarnos y crear; y para que cuando reclamemos el poder que ha estado hasta ahora desubicado, tenga un lugar y un espacio al que retornar.

Lo esencial

No quiero que parezca que lo que estoy compartiendo aquí contigo fue para mí como para Dorothy en *El mago de Oz*, que choqué los tacones tres veces y, de repente, sentí que mi corazón era mi brújula y que podía confiar en él. No fue así.

Durante un tiempo, no confié en NADIE. No hacía rituales, no invocaba a mi equipo de espíritus, y las ceremonias lunares me traían sin cuidado. Metí todos los talismanes, todos los cristales de cuarzo, todas las estatuillas y todos los libros en cajas, y los doné a las tiendas de caridad (de segunda mano) y a las librerías de Glastonbury; en todos ellos palpitaba «Lo Que Antes Era», todo lo que había inspirado y moldeado a una persona a la que ya no conocía.

Lo que solía comer, las prácticas espirituales, el trabajo que había estado haciendo o no haciendo en el mundo –espiritual, físico, psicológico– estaba TODO ello entre las cenizas de Lo Que Antes Era. Pasé mucho, mucho tiempo en constante estado de hipervigilancia, y como atestiguará cualquiera que haya experimentado una percepción tan acrecentada, hasta el simple acto de respirar y de intentar descansar –fundamentales ambos para experimentar la vida en esta vida– puede ser una puta angustia.

Mi marido, el Vikingo, que es el ser humano más tierno, amoroso y paciente del mundo, podría contarte que cruzar este portal conmigo, acompañarme en esta transición, le convirtió en un EXPERTO en el arte del Descanso Radical (incluso escribió un libro sobre el tema). Durante mucho tiempo, el único espacio en el que me sentía a salvo era él, y únicamente podía *plantearme* el acto de descansar si estaba acurrucada bajo su brazo.

Cuando solo para seguir vivas sentimos que tenemos que estar permanentemente alertas, podemos acabar viviendo en ese estado al que los terapeutas llaman de «estrés postraumático»: el pensamiento no es capaz de ir más allá del instante inmediato, vemos la vida en términos absolutos, todo es o blanco o negro. Así que, sentada en medio de las cenizas de quien había sido, con el esponjoso animal de mi cuerpo ignorante de cuáles eran su lugar y su espacio en el mundo, únicamente en la seguridad de los brazos del Vikingo conseguía respirar un poco más hondo, hundirme y descansar un rato. Poco a poco el hueco acogedor de sus brazos se fue expandiendo, y pude empezar de vez en cuando a ver una película (de bajo riesgo) o a tomarme una infusión.

Fue en ese hueco donde pude empezar a ubicarme. Fue en sus brazos donde pude empezar a reconocer una sensación de seguridad al iniciar una nueva relación con la persona que estaba empezando a ser. Como siempre, los detalles visibles y no visibles de la experiencia serán diferentes en cada una de nosotras, pero encontrar esos pequeños momentos de descanso, un lugar y un espacio donde respirar, le enviaba a mi cuerpo una señal de seguridad.

Y gracias a que NADA es permanente, resulta que cuando dedicas atención a tu cuerpo, y trabajas en concreto con el sistema nervioso, *puedes* reconfigurar las respuestas. Yo creé nuevas vías neuronales que me permitían estar más tiempo EN mi cuerpo. Y así, poco a poco, pude empezar a confiar en mi gran corazón palpitante como brújula.

El poder del amor
siempre gana.

SIEMPRE.

Cultivar el terreno

La brújula de mi corazón me dirigió a cinco metros aproximadamente de donde estaba sentada: al jardín. Al jardín del que fue «exiliada» Lilith, en el que Eva sucumbió a la serpiente y en el que en aquel momento rememoré, me revelé y me convertí en mi propio fruto de conocimiento interior.

Fue en Glastonbury, con tierra bajo las uñas, trabajando el terreno del frondoso jardín que rodeaba la casa que habíamos alquilado, como aprendí a trabajar y abonar mi *propio* terreno. (En otros tiempos, había vivido en ella el hombre que ayudó a crear en la ciudad los Chalice Well Gardens ['Jardines del Pozo del Cáliz'] en torno a los mágicos Chalice Well ['Pozo del Cáliz'] y Red Spring ['Manantial Rojo']. No había sido en absoluto intencionado que acabáramos viviendo allí, pero para mí estaba más que clara la mediación divina).

Desde muy pequeña, me habían apasionado las plantas medicinales. Mi abuela y yo salíamos a recoger plantas y hierbas, que íbamos echando en la falda abolsada de su delantal, y luego hacíamos infusiones y tinturas curativas con ellas (hablo con detalle de todo esto en *Bruja*). Pero hasta una soleada mañana de abril, ni siquiera había reparado en las flores intensamente amarillas y rebosantes de belleza que estaban empezando a abrirse en el arbusto de forsitia del jardín.

Fui a su encuentro. Toqué sus flores. Aspiré su aroma. Me bebí a tragos la vibracidad de su color. Quise cuidarla, darle mi amor, así que le quité algunas hojas muertas y arranqué las malas hierbas que empezaban a enredarse a su alrededor.

Con las manos en la tierra (de Mamá
Tierra) comprendí que
las malas hierbas y las hojas muertas representaban
mis necesidades no satisfechas.

En aquel momento y espacio de mi vida, NO TENÍA NI IDEA de lo que
me faltaba o necesitaba, y si no sabemos cuáles son nuestras necesidades
básicas, ¿cómo saber por dónde empezar a satisfacerlas? ¿Para qué plan-
tearte conectar con la Fuente de energía primordial si el terreno que consti-
tuye tu paisaje no es ni receptivo ni fértil? ¿Cómo puedes nutrirte de verdad
(para florecer), si no sabes qué es lo que realmente anhelas?

Retorna a lo que anhelas

Lo que ahora sé es que vivir en una cultura despojada de la Gran Ma, la
muerte de mi propia Ma y no ser una Ma que fuera a dar a luz bebés se había
traducido en haberme dado permiso para creer que mi terreno no merecía
atención. Que no era un terreno que pudiera producir y florecer. Y, sin embargo, arrodillada al pie de la forsitia, me atreví a retornar a lo que anhelaba.

A encontrarme con la madre que hay EN MÍ.

Y cuando hice ESO, encontré a la Madre en TODA la creación.

✶ Una pequeña ayuda ✶
Prepara una esencia floral

Me enamoré de la forsitia y de sus maravillosas flores amarillas. Pasé
MUCHO tiempo con ella, y contemplándola, porque es un manantial
de buenas vibras en forma de planta. Su presencia me daba vitalidad y
me hacía sentirme pletórica de alegría. Así que recibí un mensajito de
mi abuela, en el que me animaba a preparar con ella una esencia floral.

Voy a contarte cómo la hice yo –fiándome de mí y de mis instintos–, pero
te animo, si te llama la idea, a que prepares una esencia floral con una
planta que signifique algo para ti. Sé responsable e investiga bien esa
planta y su flor, y no ingieras nada sin saber con toda claridad lo que es.

La esencia de forsitia motiva la transformación de patrones de comportamiento obsoletos: hábitos, adicciones, pensamientos. Básicamente, hice un elixir alquímico EXACTAMENTE para lo que necesitaba. La naturaleza es así de mágica.

1. Vierte agua de manantial o destilada en un cuenco de cristal.

2. Habla con la planta que hayas elegido y pídele permiso para quitarle algunas flores. Dale las gracias y tu amor de la forma que a ti te parezca.

3. Recoge las flores sin tocarlas –yo uso unas pinzas– y colócalas en el cuenco de agua.

4. Déjalas reposar a la luz del sol o de la luna –o a ambas– para que se infusionen.

5. Escurre el agua de las flores para obtener la tintura «madre», la quintaesencia de la planta. A partir de ella, puedes hacer la primera dilución. Yo utilizo frasquitos de vidrio marrón con cuentagotas. Echo en ellos el agua de la infusión (sin llenarlos) y añado entre siete y once gotas de la tintura madre y 1 mililitro (⅕ de cucharadita) de alcohol (vodka o coñac) como conservante.

6. Ponle una etiqueta con la fecha y los datos astrológicos del día en que la prepares.

NOTA: Yo tomo a diario siete gotas de la dilución; me las echo debajo de la lengua. Pero puedes añadir las gotas a un vaso de agua y beberlo a lo largo del día o echar unas gotas en el agua del baño si no quieres ingerir la esencia.

· · ·

Abonar para florecer

Empezar a cuidar del jardín me dio permiso para cuidar de mí. Mi amor por las plantas adoptó una de sus muchas formas medicinales y contribuyó a que mi cuerpo, yo y la experiencia de vivir se convirtieran poco a poco en un paisaje fértil, fecundo, capaz de recibir plenamente más de mí misma.

Fecundidad es una de mis cinco palabras favoritas desde siempre. Cuando la pronuncias en voz alta, suena sensual y palpitante de posibilidad. Para mí, la tierra fecunda es tierra sagrada. Es terreno que ha recibido cuidados, nutrientes y amor, y, gracias a esa intención y atención que recibe, es un terreno maduro, radiante y magnético, preparado para… nuevas ideas y conceptos y cualquier cosa que quiera tomar forma: un bebé, un proyecto, un negocio, una relación, un hogar. TODAS LAS POSIBILIDADES.

Muchas percibimos, y hasta cierto punto creemos, que NECESITAMOS que la gente nos adore y apruebe nuestra forma de ser, que NECESITAMOS encarnar la idea que alguien tiene de la perfección, que NECESITAMOS sentir gratificación instantánea, que NECESITAMOS tener dos centímetros de separación entre los muslos y que NECESITAMOS INCUESTIONABLEMENTE unas de esas mallas de *lycra* tan elegantes para hacer yoga.

<blockquote>

Lo que DE VERDAD necesitamos son
los nutrientes que yacen en
lo más profundo de la tierra y que
nos llegan al encontrarnos
íntimamente con el anhelo que late
en nosotras debajo de
todo lo demás y al cuidar el terreno
de lo que allí descubramos
como una práctica de devoción diaria.

</blockquote>

NOTA: Si, como en mi caso, has tenido abortos espontáneos, un médico te ha dicho que eres «estéril», te han diagnosticado síndrome de ovario poliquístico, endometriosis, fibromas o cualquier otra de las muchas enfermedades que tenemos a veces las mujeres, y un profesional de la medicina te ha informado de que tu fuente de poder creativo sencillamente «no funciona», te escucho, te siento, te veo, soy testigo de ti.

Muchas de nosotras, cuando un profesional de la medicina nos dice eso, sentimos que no somos quién para responder nada, y todavía muchas más CREEMOS que ESTAMOS «averiadas» y que SOMOS infecundas. NO ES CIERTO. Nuestros cuerpos son mágicos y podemos ELEGIR.

Podemos elegir dedicarnos a trabajar NUESTRA tierra. A escucharla, leer sus sensaciones, sus señales y pistas –como mi reavivada pasión por cultivar plantas medicinales– para poder atenderla, darle lo que NECESITA, y honrarnos a nosotras mismas como la tierra fértil y fecunda que somos, para la magia, para la creatividad, para «alumbrarnos» a nosotras mismas. UNA y OTRA vez.

INVITACIÓN:
SATISFACE TUS NECESIDADES (CON DEVOCIÓN)

Te invito a que averigües qué nutrientes necesitas para ser un paisaje fecundo, receptivo y capaz de crear y florecer.

QUÉ VAS A NECESITAR

Una hoja de papel A4 o tu diario y un bolígrafo.

QUÉ HACER

✲ *Pon el papel (o la página de tu diario) en sentido apaisado, haz tres columnas y encabézalas respectivamente: AMOR. SEGURIDAD. NUTRICIÓN. Luego, en cada columna, haz una lista de las acciones y acontecimientos que te gustaría que ocurrieran para sentirte querida, segura y saciada.*

✲ *No estamos hablando de soluciones rápidas, sino de un proceso. Haz una lista de todo lo que te gustaría hacer para crear un entorno seguro, sustentado en el amor y rebosante de vitalidad en el que tu cuerpo pueda ser un recipiente, un lugar de juego y posibilidad donde se exploren los sueños, donde se aprecie la belleza. Para que tu cuerpo y tu ser sean el terreno perfecto para que las semillas de ideas y sueños echen raíces, tomen forma y se materialicen.*

No tienes que hacer nada con esta lista, pero es importante que descubras si sientes algún bloqueo, resistencia o miedo (y POR QUÉ) ante la idea de conectar plenamente contigo misma y confiar en ti como fecundo terreno donde jugar, crear y manifestar.

...

Así es como empezamos a establecer límites claros y a permitir que la energía creativa primordial se mueva en nosotras, con nosotras, indistinguible de nosotras. Y solo podrá hacerlo si atendemos y satisfacemos nuestras necesidades, si nos sentimos amadas, saciadas, rebosantes de energía. Es entonces cuando nos convertimos en nuestra PROPIA tierra fecunda y sagrada.

La crisálida de tu emerger

Repito, esto *no* es una solución rápida. Convertirte en tu propia tierra fecunda y sagrada NO es tan simple, tan directo ni maniqueo como podría hacerte creer algún meme en las redes sociales. Una putada, ya lo sé. Pero a veces, de hecho la *mayoría* de las veces, necesitamos primero crear espacio en el que poder convertirnos en ese espacio seguro.

El jardín se convirtió en *mi* crisálida. Un espacio en el que fortalecerme por dentro y por fuera. Del mismo modo que yo creo espacios y círculos de transición para las ceremonias de ritos de paso de las mujeres, el jardín se convirtió en *mi* espacio de transición. El espacio intermedio.

En la época en que se me desprendió todo y me contentaba con sobrevivir, pensé que nunca volvería a celebrar círculos y ceremonias. Pero el jardín y mi amor de siempre por las plantas medicinales, d e s p a a a c i o y con el tiempo me sostuvieron, me fortalecieron y me abastecieron de energía hasta que pude sostenerme, fortalecerme y ser fuente de energía para mí misma. Y cuando pude hacerlo, pude confiar en mí. Confiar en mí significaba que me podía comprometer, de nuevo, a acompañar a grupos de mujeres a vivir la ritualización de sus propias transiciones y experiencias –acabar de ser madre, haber perdido un bebé, recuperar el poder cedido a otros– y celebrar ceremonias para ofrecerles el espacio que necesitaban.

A lo largo de la vida, pasamos por una serie de experiencias de muerte y renacer. A veces el derrumbe es superficial y aparentemente sin consecuencias, y a veces es un derrumbe devastador, que arrasa con todo. Pero cada vez que emergemos, la transición de un espacio a otro, de una forma de ser a otra nos da un mayor conocimiento de nosotras mismas, pues en ella se va revelando más y más nuestro ser «real»; y los espacios sagrados que sostienen esa transición –ya sean ceremoniales, o simplemente el perímetro vallado de nuestro jardín, o la jardinera de la ventana– son una crisálida.

Un espacio entre lo seguro y lo desconocido para nutrirnos y fortalecernos; un espacio para el ritual, la devoción y la ceremonia; un espacio de alineación e integración radical con la Fuente de vida para emerger transformadas. Para que, en palabras tuyas y en tu momento, puedas declarar esencialmente:

«YO SOY EL ESPACIO DE SEGURIDAD Y AMOR». (Y lo digas absoluta, absolutamente en serio).

NOTA: Ahora tengo mi propio jardín, un jardín físico al más puro estilo Hildegard, al que mimo y al que canto: a las fresas les ENCANTAN las *boybands* de los noventa (¿te acuerdas de aquellos grupos de jovencitos de voz angelical?), mientras que a los tomates les gusta el *hip hop* y, lo que más de todo, mi versión de «Push It» de Salt N Pepa. Me siento en el jardín a dibujar, a crear, y publico infinitas fotos de él en las redes sociales. Es un espacio de amor mutuo: yo alimento la tierra y ella me alimenta a mí. Juntas, plantamos semillas, echamos raíces fuertes, florecemos.

Damos fruto y celebramos la cosecha. Hacemos medicina, curamos, aprendemos. Y también nos despojamos de cuanto sea necesario abandonar. Se lo devolvemos a Ma. Transiciones dentro de transiciones. Ciclos dentro de ciclos. Cuando el proceso de transmutación se honra en un receptáculo sagrado, morir da menos miedo, porque el espacio, todo, impulsa el emerger.

RIFF DE ELLA — EMERGER

Reconoce que, cuando estás completa,
TÚ eres el espacio seguro.

Nota en el cuerpo que, cuando estás
completa, TÚ eres el espacio seguro.

Siente en lo más hondo que, cuando estás
completa, TÚ eres el espacio seguro.

Sabe que cuando estás completa, TÚ eres el espacio seguro.

En ese reconocimiento, sensación,
sentimiento y saber, ¡emerge!

Emerge como una celebración, una explosiva fiesta de
la *yo* real. Sin vergüenza, sin inhibiciones,
sin remordimientos y
sin culpa. Emerge encarnada. Expresada. Liberada.

Emerge como una mujer que está segura en su
cuerpo, una mujer celebrada y completa.

Cuando nos convertimos en nutrida, rica y fecunda
tierra sagrada, tenemos el poder de alimentarnos a
nosotras mismas, de metabolizar los nutrientes, y
reconocemos nuestro cuerpo, no como un concepto o una
imagen, sino como el espacio seguro, el caldero de la
abundancia del que podemos emerger, ascender, florecer.

Para tu información: cuando digo *completa*, no quiero decir «completada» y «consumada». Quiero decir liberada totalmente del profundo miedo incrustado en las células a no ser perfecta, a que no esté bien visto cómo eres y lo que haces, a ser demasiado, o demasiado poco, y en lugar de todo eso, tener el coraje de emerger *entera*, sin las máscaras sociales, como verdadera expresión de todo lo que tú eres. De ser tu verdadera naturaleza, nutrida y madura. Con el caos interior, con el dolor, con las tripas..., TODO.

Y tampoco estoy diciendo que puedas o debas emerger ahora mismo. El planeta Venus tarda al menos siete meses en ascender plenamente tras su cíclica visita al subsuelo y la luna tarda unos catorce días en pasar de oscura a llena. Lo que quiero decir es que emerger lleva su tiempo, así que tómate *tu* tiempo. No hay necesidad de forzar nada, esto no va de «Vale, preparada o no, ¡allá voy!». Otra cosa distinta es que te *estés* resistiendo; compruébalo. ¿Es resistencia o de verdad necesitas un poco más de tiempo para centrarte, fortalecerte y confiar plenamente en ti antes de abrir de par en par tu crisálida?

SUGERENCIA PARA TU DIARIO

Hazte una infusión de hierbas. Te recomiendo el diente de león, ya que es un fiel aliado del cuerpo y, a quienes trabajéis intencionadamente con él, os ayudará a dar un salto de fe y emerger. Puedes utilizar las flores, las hojas o las raíces. A continuación, abre tu diario y reflexiona sobre las siguientes preguntas:

«¿Cómo puedo crear la seguridad de la crisálida en mi cuerpo?».

«¿Qué sentimientos surgen, y en qué parte de mi cuerpo, cuando pienso en emerger?».

«¿Qué voy a dejar atrás, en la crisálida, cuando emerja?».

«¿Cómo quiero que SEA ese emerger?».

NOTA: Cuando emerjas de la crisálida, cuando DECIDAS abandonar el jardín, SERÁS el receptáculo sagrado. TÚ, EN.TU.CUERPO, conectada con TU centro y viviendo desde TU centro. Tu energía primordial.

Tú eres el
espacio seguro
de amor de madre.

El encuentro con
tus márgenes

Una vez que emergemos de la crisálida, es inevitable que nuestras células conserven aún el recuerdo del *margen* que definía hasta ahora nuestra zona de seguridad.

La verdad es que yo he sido siempre un poco *marginal* –a fin de cuentas, vengo de una familia gitana itinerante que ha existido tradicional y literalmente al margen de la sociedad–, así que vivir *al borde* no es para mí algo nuevo. De hecho, mi mejor guía para encontrar la medicina *en el margen* es Sara la Kali.

Ella, lo mismo que los gitanos y otros pueblos viajeros que la veneran, representa la libertad, la esperanza, la autosuficiencia y la soberanía, valores que suelen parecerles «peligrosos» a aquellos que quieren sencillamente que nos conformemos, que hagamos lo que se nos dice y que sigamos como ovejas a la multitud. Ella nos recuerda que las mujeres sabias, las brujas, las sanadoras y las chamanas han vivido *siempre* en los márgenes, en la periferia de cualquier pueblo y ciudad.

Los márgenes suelen ser LO CONTRARIO de cómodos, Y *siempre* hay medicina que encontrar en ellos, en ese *lugar* que no necesariamente se entiende ni se conoce del todo. ¿Sabes cuáles son *tus* márgenes, dónde están? Normalmente los percibimos como un punto de dolor, el sitio donde vive el malestar, en la periferia de nuestro centro. Y puede que sea así, que haya en ellos dolor y malestar, pero son también el sitio donde está, estuvo y siempre estará la magia.

Es lo que las brujas sabían y saben.

Es lo que los gitanos sabían y saben.

Joder, hasta Vaiana, el personaje de Disney, lo sabe: quiere saber desesperadamente qué hay más allá del borde del horizonte.

El promontorio más difícil de remontar

En el mundo actual, pasamos TANTO tiempo con los ojos pegados a una pantalla registrando ordenadamente datos e información que se nos han olvidado la potencia y la magia de la visión periférica. Y es en la periferia donde podemos captar una súbita chispa de inspiración o el fogonazo de un recuerdo futuro. Si te atreves a mirar más allá de *la pantalla*, lo sabrás. Si no, no lo sabrás nunca. ¿Qué eliges?

**Es en los márgenes donde la Fuente
se convierte en una fuerza (de la naturaleza).**

Muchas veces, cuando emergemos del tiempo de transformación que hemos pasado con Ma de la Materia Oscura, y empezamos a ser cada vez MÁS encarnación y expresión de nuestra verdadera naturaleza de amor a Ma, el promontorio más difícil de remontar es descubrir que ya no encajamos. (Si es que habíamos encajado alguna vez). Y te sientes sola y aislada y te parece que nadie te entiende, ni entiende lo que has vivido, ni la mujer que estás empezando a ser. Pero sé amable. Contigo misma y con los demás. Es un proceso.

Sara la Kali nos representa a TODAS las que nos sentimos marginadas, a las que vivimos de manera diferente a lo que se considera normal, o fuera de los parámetros socioculturales dominantes. Ella nos recuerda que es MUCHO más importante ser la más plena expresión de NUESTRA realidad que una versión de las expectativas condicionadas que otros proyectan en nosotras.

Necesitarás tener unas raíces firmemente establecidas en tus valores para poder *estar* presente con «lo que es», para *estar* en armonía con tu corazón, tu vientre y tu cuenco pélvico, para *estar* en conexión directa con la energía primigenia que brota en ti y *poder* traspasar los confines de las expectativas sociales y de las tuyas propias y *no* tomarte a pecho ni hacer tuyas las proyecciones de los demás, que por desgracia son inevitables si eres una mujer que se conoce a sí misma, que defiende su terreno sagrado, que antepone la libertad, la sabiduría y la autonomía de su cuerpo a todo lo demás.

Nuestra naturaleza sensorial

Durante mucho tiempo, traté de relegar a segundo plano mis raíces *viajeras* porque no quería que la sociedad me mirara por encima del hombro como había hecho con mis antepasados; así que, emulando a mi madre, me convertí en una versión de mí más dócil y atractiva para la sociedad. Pero, francamente..., era una memez que no le servía de nada a nadie, y a la que menos a mí.

Fue al traspasar *este* particular segmento del margen cuando empezaron a despertar en mi interior una fiera curiosidad Y una claridad de discernimiento A TRAVÉS de mi naturaleza sensorial.

Mi abuela me había enseñado a escuchar las plantas para descubrir sus propiedades, en lugar de buscar la información en un libro; me había enseñado a oler si un alimento estaba en malas condiciones (y a aplicarlo también a las situaciones y a la gente). En definitiva, me había enseñado que nuestra naturaleza sensorial es *mucho* más que los cinco sentidos de los que nos han hablado y que somos seres multisensoriales. (Aunque ella no lo llamaba así: lo llamaba magia).

Cada uno de los sentidos tiene capas y capas de componentes sobresensoriales. Se han hecho estudios científicos que corroboran esto, pero al final, como mi abuela, me gusta más considerarlos poderes sensoriales amplificados, mágicos, que nos dan la posibilidad de ver, oír, tocar, saborear, sentir y experimentar la vida a un nivel y en una frecuencia que a menudo están más allá de las palabras, del tiempo y del espacio.

Olfato de zorro

Ahora, como maga, tengo olfato de zorro. (Me encantan los zorros y son totémicos en mi experiencia vital; se me presentan SIEMPRE en momentos de grandes cambios). Olfatearte como haría un zorro NO es lo mismo que aspirar la fragancia de tu perfume favorito: con ese olfato puedes percibir el «olor» de quien eres, de lo que representas y de lo que valoras.

Puedes percibir el «olor» que hay debajo de todo, el olor de tu auténtica naturaleza; y cuando lo has olido una vez, ya no lo puedes ignorar. Ni deberías: es el olor de tu naturaleza salvaje, tu olor al estar enraizada en las raíces del origen.

Yo he descubierto que ese olor es particularmente fuerte en los márgenes de mi devenir. Cuando estoy enraizada Y en medio de la incertidumbre. Cuando confío en mí Y no sé lo que viene después. (Aunque en algún lugar de mí, sí lo sé).

Si pudieras embotellar ese olor (lo cual por supuesto es imposible), mi fragancia tendría de fondo notas de Ma, musgo y micelio; sus notas de corazón serían rosa, miel y confianza en una misma, y las notas de salida serían magia, descaro, granadas y potencial. Se llamaría *Eau du Eterno Devenir*.

INVITACIÓN:
CON OLFATO DE ZORRO, RASTREA TU FRAGANCIA

No tengo una práctica o un ritual para hacerlo. Solo me es posible detectar mi fragancia cuando me reconozco y me honro como poderosa fuerza (de la naturaleza). Cuando te llegue un efluvio, lo sabrás. Tendrá el olor de tu anhelo más profundo, el olor de tu frecuencia al vibrar al unísono con la totalidad del cosmos.

Es el olor que emana de la bondad y la alegría. Es el olor que emana de la plenitud. Es lo que ES ser tu propia fuente.

¿El truco? ¿La danza? ¿La eterna invitación cuando percibes tu aroma? Rastréalo. Acéchalo. Deja que tu olfato de zorro siga su rastro. Es un laberíntico caminar hacia TU centro Y es donde te toparás con tu margen, con el límite de lo conocido. Demórate allí donde el olor sea más intenso. De hecho, fija allí tu residencia habitual.

· · ·

Cuando empieza a incomodarnos menos estar un poco incómodas, cuando llegamos a nuestro límite y tenemos una intuición súbita de que es ahí donde podemos vislumbrar nuestra historia futura, captar nuestra verdadera fragancia, saborear nuestra deliciosa naturaleza indómita, la propuesta es mucho más tentadora, ¿a que sí?

¿Y si en ese lugar deliciosamente salvaje encuentras alegría? ¿TE IMAGINAS?

RIFF DE ELLA — ¿ERES CAPAZ DE DEJAR QUE LA ALEGRÍA ESTÉ PRESENTE AQUÍ?

La alegría, a la que tan a menudo renunciamos en favor de emociones y sensaciones de miedo, preocupación e inquietud porque nos parecen más fiables, es necesaria.

Sin alegría, no vivimos plenamente.

Es cierto, el mundo está cambiando.

Evolucionando.

Despertando.

Pero ¿y si, en medio de todo ello, es posible la alegría Y hasta necesaria?

¿Y si en los lugares interiores donde sentimos desconfianza, es posible la alegría, Y hasta necesaria?

¿Y si en los lugares donde hemos perdido la esperanza, es posible la alegría Y hasta necesaria?

¿Y si en los lugares donde viven la preocupación y el miedo, es posible la alegría Y hasta necesaria?

¿Y si la alegría es posible aquí y ahora? ¿Y si la alegría es necesaria, incluso?

¿Eres capaz de abrirte a ella?

¿Eres capaz de dejarla ENTRAR?

¿Reconocerás su sabor y su aroma cuando esté presente?

Piensa en ti y en tu cuerpo como un lugar abierto
a la alegría, un lugar que a la alegría le gusta
frecuentar, donde la alegría y tú podáis bailar
un poco, quizá incluso daros unos besos.

La alegría es una energía muy poderosa. Es necesaria.

La alegría es puro jugo. Nos nutre, nos lubrica, nos
renueva las energías; evita que nos marchitemos y
nos quedemos agarrotadas y atrofiadas e incapacitadas
para ser creativas ni de utilidad al mundo.

Y en estos momentos, lo que el mundo necesita es que
vivamos en un estado de máxima creatividad: jugosas,
plenas, con el corazón rebosante de amor e inspiración.

Aquí, ESTE lugar, es desde donde podemos pensar con
originalidad, tener perspectivas diferentes, sentir compasión,
ofrecer soluciones y posibilidades nuevas, innovadoras.

Esto solo es posible si dejamos entrar a la alegría.
No solo de vez en cuando, sino a diario, EN ESPECIAL
cuando las cosas se ponen difíciles y encontramos
obstáculos y surgen conflictos. Porque un corazón
lleno y un cuerpo que lleva puestas la risa y la
alegría como una segunda piel tienen capacidad.

Capacidad de crecimiento, perspectiva, discernimiento y
amor, elementos esenciales para navegar Estos Tiempos.

Deja entrar la alegría

Ya he hablado de lo mucho que me costaba, y me sigue costando, dejar entrar la alegría en mi vida. En un tiempo pensaba que, si me atrevía a dejarla entrar, habría todavía más personas queridas que morirían inevitablemente. Que si me atrevía a disfrutar haciendo lo que fuera y lo celebraba, la vida me castigaría. (¡Ya lo sé!, pero así lo sentía en aquellos momentos). Cuanto más miedo tenía, más me asustaba, con lo cual la posibilidad de que la alegría estuviera presente en mi cuerpo era prácticamente nula. Era un círculo vicioso, nada divertido. Y, la verdad, ¿vivir así? AGOTADOR.

Así que, si estás en una situación parecida, entiéndeme bien, no te estoy sugiriendo que invites a entrar a la alegría, así, de repente, porque entonces todo irá mejor. Yo tuve que hacerlo MUUUY poco a poco. En realidad, todavía tengo que ir d e s p a a a c i o. Sentir alegría y permitir que sea algo más que una experiencia fugaz sigue siendo para mí un auténtico ejercicio de traspasarme a mí misma.

De entrada, tuve que imaginar que la alegría estaba contenida en uno de esos frasquitos de cristal marrón que uso para conservar las tinturas de flores y hierbas, y que podía tomarme todas las mañanas una pipeta de alegría. Es más, cuando hice la esencia de flores de la preciosa forsitia del jardín, le puse en la etiqueta el nombre «alegría» para poder tomarme la dosis diaria.

Pequeños momentos, escalonados. Y así, muuuy poco a poco, a mi cuerpo le fue posible recordar que es un terreno sagrado y fértil en el que fluye la energía creativa y es posible *alumbrar* los sueños. Dar a luz.

D e s p a a a c i o

Si CLAVAMOS la mirada en el miedo o en el dolor o en la preocupación constante y perdemos de vista todo lo demás, el cuerpo se nos va quedando rígido, agarrotado, y solo sabemos ya reaccionar y arremeter contra todo. Pero si somos capaces de apartar los ojos un instante y dejar que entre la alegría, si la dejamos estar presente a ella TAMBIÉN, es un manantial de vida, vitalidad y posibilidad infinitas.

Y entonces, si *somos capaces* de dejar que la alegría entre, habrá momentos, a veces horas, a veces incluso días, en que inesperadamente nos invadirá por entero. Entonces, todas y cada una de las células se activan, se reavivan, se regeneran y empezamos a ver el mundo con otros ojos. Entonces somos capaces de dejar que se reescriba el relato de nuestra realidad y de lo que es posible.

> **Permítete recibir. Permítete ser una deliciosa, jugosa y fecunda ánfora de receptividad. Ten orgasmos, saca los lápices de colores, baila, mueve el cuerpo, empápate de sudor, bebe zumos deliciosos, sal a pasear, apaga el móvil...**

NOTA: Sé que no hace falta que te diga esto, pero te lo voy a decir de todos modos, saborear al máximo la alegría y la risa NO significa ignorar ni «sortear» el hecho de que en el mundo pasan cosas «malas». No estoy hablando de que hay O lo uno O lo otro. Hay lo uno Y lo otro. Significa reconocer que el mundo está cambiando, metamorfoseándose, evolucionando, Y se te permite sentir alegría. AL MISMO TIEMPO. Es así como reparamos y restauramos la bondad en TODAS las cosas.

Si estás preguntándote: «Pero ¿cómo puedo plantearme siquiera pensar en la alegría cuando cada día pasan cosas tan *terribles y no parece que haya solución?*», entonces la idea de dejar entrar la alegría puede parecerte caprichosa y egoísta.

Así que, si esa eres tú, y la petición de que dejes entrar la alegría te parece inadmisible, dado cómo está... todo, te honro Y te propongo esto simplemente como una invitación a que explores qué *podría* significar y en qué podría concretarse la alegría.

SUGERENCIA PARA TU DIARIO

¿Qué es para ti la alegría, qué sensación te produce pensar en ella? ¿Cuándo fue la última vez que experimentaste en tu cuerpo una sensación de alegría? Si la invitaras a entrar en tu cuerpo ahora mismo, ¿en qué lugar entraría? ¿Dónde se instalaría? ¿Qué significaría para ti estar rebosante de alegría?

A veces, el solo hecho de contemplar la idea de la alegría puede abrir un pequeño espacio para la posibilidad.

La abadía de Glastonbury

Recuerdo que, en mitad del proceso de muerte y transformación del que te he hablado, mi olfato de zorro captó un fuerte efluvio de mi fragancia esencial mientras paseaba por los jardines que rodean la abadía de Glastonbury. Tenía pensado extender mi manta roja (la favorita), tumbarme con el vientre en la tierra y pegarme una buena llorera (una de las miles de razones por las que ADORO la ciudad de Glastonbury es que lo que acabo de decir no sería aquí nada inusual), y cuando estaba pasando por delante de la capilla de María Magdalena, ELLA me susurró:

«Estoy bajo tus pies. ¿Tu fuerza? *Entra. Desciende*».

ELLA sabía que yo lo sabía. ELLA sabía también que necesitaba que me lo recordara. (Y AÚN necesito que me lo recuerde una y otra vez). Su altar en la abadía está dentro y abajo. Bajo tierra. Escondido.

He estado ante Su altar en muchas ocasiones. A veces sola, a veces en rituales con maravillosos grupos de mujeres. Pero ese día me acerqué al altar y, al poner las manos, estaba sola y empecé a cantar.

A ver, recuerda que ese aroma profundo que capta nuestro olfato de zorro es un olor Y es una frecuencia, un sentimiento, una vibración... Es una emanación de lo que más ardientemente, dolorosamente anhelamos, y lo *sabrás* cuando lo experimentes.

En realidad, *no* es que yo cante particularmente bien, aunque después de una o tres ginebras, si estoy en un karaoke y tengo la oportunidad, me falta tiempo para subir al escenario. Pero ese día, en Su altar, canté una canción que salió a través de mí, que sonaba antigua, atemporal. Te contaba, en otro momento del libro, que de niña, durante años, estuve muda, y he contado en libros anteriores que todavía me cuesta expresarme en voz alta. Así que este acto espontáneo de... devoción –a mí, a Ella, a todas nosotras– me dejó completamente asombrada.

Y siguió ocurriendo. A veces era una canción conocida, a veces no, y me di cuenta de que daba igual cómo sonara. Confiaba sola y enteramente en lo que *me hacía*.

Era como si me desentrañara, me revelara.
Como si descifrara en mí a nivel celular códigos ancestrales.
Un conocimiento profundo.
Que era y es medicina para mí y en mí. En ti. En todas.
Entra.
Desciende.
Y canta TU canto de sirena.

Estate presente. A TU manera. En TU momento

Hablemos claro, confiar en una misma es complejo. Es así. Por un lado, hay tanto que desaprender... Y, por otro, es totalmente posible volver a nuestra verdadera y real naturaleza, si volvemos a habitar nuestro cuerpo y recordamos la magia que entraña.

Presencio la vida cotidiana como una ceremonia. Siento curiosidad y miro a ver qué siento, qué sensaciones percibo, qué cualidad tiene cada movimiento que experimento en el cuerpo y a través del cuerpo, todos los días. ¿Para qué? Para no abandonarme, para no ignorar mi cuerpo y su profunda sabiduría e inteligencia.

Al empezar a vivir más despacio y a escuchar a mi cuerpo, pude descubrir y reconocer todas las heridas a las que les había ido pegando encima parches enormes para que no saliera disparado el dolor. Poco a poco, una a una, las fui destapando, exponiéndolas a la luz, e hice lo que fue necesario en cada caso para ayudarlas a sanar.

> Me permití sentir curiosidad por lo que
> DE VERDAD necesitaba curación. Luego
> me atreví a dejar que se revelara.

Digo *me atreví* porque es un acto de valentía revelar lo que hay detrás del dolor, los sentimientos heridos, la vergüenza o la culpa que una experimenta.

La caja de Pandora

Quizá algunas de vosotras establezcáis un paralelismo entre esto que cuento y el mito griego de Pandora y su caja, y como pensáis que, si os dejáis llevar por la curiosidad, es posible que desatéis muchísimo MÁS dolor y desventura, tenéis miedo de lo que podáis llegar a encontrar.

Pero recuerda que la caja de Pandora EN REALIDAD contenía la verdad, y la verdad es nuestra energía viva. Los tipos que escribieron el mito querían hacernos creer que Pandora hizo que el mundo fuera «malo» porque se atrevió a ser curiosa, pero ya es hora de que reescribamos *ese* mito también. Es hora de que reconozcamos que abrir nuestra caja de Pandora es la forma de reclamar nuestro poder como oráculos, guardianas de la medicina, brujas y sanadoras. Así que ábrela y recupérala, atrévete.

Reconoce el dolor, los sentimientos heridos, la vergüenza, y «ve» con tu visión oracular qué está pidiendo sanación; rastrea con tu olfato de zorro hasta encontrar qué es lo que anhelas desesperadamente. Cuando te permites sentirlo –estar presente con el dolor en vez de huir de él– recuperas tu poder curativo, te recalibras y haces posible la reparación y la sanación femeninas al nivel más profundo.

Muéstrate como ERES

Cada vez que nos plantamos, afianzadas en nuestro poder y nuestra luz, y decimos no, y nos negamos a ajustarnos a las normas sociales patriarcales, cualquiera que no esté haciendo lo mismo se sentirá incómodo. MUY incómodo. Y esto da lugar a proyecciones, distorsiones y juegos de poder.

Vivimos tiempos en los que parece que fuera lo natural aleccionar a todo el mundo sobre qué «presencia» deben tener..., cómo deben mostrarse, qué deben hacer y decir. Cualquiera se siente con derecho a acusarnos por ser como somos, a juzgar nuestro «proceso». Y de eso, NI HABLAR. NO es así como funcionan las cosas. CÓMO te presentas al mundo y lo que ofreces es asunto EXCLUSIVAMENTE tuyo. Cada vez que me preguntan (por millonésima vez): «¿Quién te crees que eres?», contesto: «UNA MUJER. QUE ESTÁ PRESENTE. TAL COMO ES». (Igual me lo hago estampar en una camiseta).

Nadie puede decirte QUÉ presencia tener, y si alguien
lo intenta, ignóralo, porque nadie puede decidir
CÓMO debes estar presente en el mundo:
eso es diferente para cada mujer.

Unas serán activistas radicales y otras crearán palabras u obras de arte; unas parirán bebés y otras cultivarán hortalizas; unas se reunirán en círculos para elevar la conciencia a través del ritual y la oración y otras se dedicarán a pintar uñas y a escuchar los problemas de la gente que se sienta frente a ellas. Y algunas tal vez consigan, al cabo de muchos días, levantarse por la mañana y darse una ducha... Te haces una idea de a qué me refiero, ¿verdad?

Deja que tu pasión –tu indignación, tu rabia y tu dolor por las injusticias, tanto en tu mundo (y no dejes que nadie menosprecie o juzgue o intente reformular lo que eso significa para ti) como en EL mundo– se transmute en arte, y palabras, y amor y franqueza, y experiencias compartidas, y ofrendas, y medicina.

Un retorno

Conectarte con tu propia fuente es un retorno.

Un retorno a nuestro conocimiento.

Un retorno a nuestra intuición.

Un retorno a nuestra sabiduría.

Un retorno a lo que nos hace fuertes. (Y no me refiero necesariamente a la fuerza muscular ni a la fuerza que hay que hacer para mantenerlo todo en su sitio; no, hablo de la fortaleza y la resiliencia que nacen de saber todo lo que somos y cuál es nuestra esencia en lo más profundo del vientre de la pitonisa. Y confiar plenamente en ello).

Un retorno a tu magia.

Un retorno al recuerdo de ti y de tu cuenco pélvico como receptáculo y caldero alquímico capaz de potenciar y cultivar tu magia femenina.

Un retorno a saber que la fuente que somos es pura fuerza magnética.

Un retorno a vivir sin miedo tu propia vibración y tu propia frecuencia.

Es un retorno a cuidarte y nutrirte sin otra razón que lo *b i e e e n* que te sienta hacerlo. (Y que, por mucho que nos digan que es un acto caprichoso y egoísta, es en realidad una práctica mágica cuyas ondas sanadoras se expanden a través de líneas de tiempo y de paradigmas enteros).

Es un retorno al sagrado arte femenino del discernimiento: parte de tu oficio de maga es saber, como toda buena bailarina de *burlesque*, cuándo ocultar y cuándo revelar. TÚ eliges.

Tú eliges el volumen de tu magia y cuánto de ella deseas compartir con el mundo.

Es un retorno a saber que quien debe tomar las decisiones es la persona a quien le afectan directamente.

Es un retorno a lo jodidamente poderosa que eres.

Así que recupera tu poder, de todos los sitios por donde se ha estado escapando; establece límites radicales, con mucho amor –o mejor, vamos a llamar a las cosas por su nombre: pon las condiciones que tengas que poner–, y crea y vive tu vida desde el profundo y verdadero conocimiento de que ERES PODEROSA.

✺ TÚ, conectada a tu propia fuente ✺

TÚ, en relación íntima con los ciclos de la muerte y el renacer.

TÚ, que conoces a la pitonisa: tu sabiduría oracular, tu conocimiento más profundo.

TÚ, que igual que la serpiente muda la piel, te despojas de identidades, pensamientos, creencias y todos los cuentos que te han contado e inculcado, para empezar a revelar MÁS de quien auténticamente eres.

TÚ, que retornas a la sencillez de lo que es real y necesario.

TÚ, que confías en tu cuerpo como la tierra fecunda y sagrada que es.

TÚ, que vives desde tu centro, tu poder, tu verdad, y eres la que pones las condiciones.

TÚ, que empiezas a vivir más *d e s p a a a c i o* y escuchas lo que tu cuerpo necesita y quiere (consciente de que de momento en momento sus necesidades cambian).

TÚ, que confías en TI, rebosante, bien nutrida y presente a tu presencia, y en que esa confianza se expande a TODOS los aspectos de tu vida.

TÚ, que te das cuenta de verdad de que eres responsabilidad tuya.

Haz de tu cuerpo
un altar
y vive tu vida como
una ceremonia de
devoción a ELLA.

TERCERA PARTE

Conecta con tu propia fuente

*Sé dueña de tus
misterios, conociendo tu vibración
y viviendo tus ritmos.*

Dueña de tus misterios

Sí, PUEDE parecer que la magia es cosa de hechizos, encantamientos, calderos burbujeantes y aullidos a la luz de la luna (soy bruja, así que todo eso me ENTUSIASMA). Pero ser una maga conectada con tu propia fuente de energía es ser dueña de tu feminidad. Es la magia en la que NO te han enseñado a creer: es la magia que TÚ eres.

La magia eres TÚ

La magia eres TÚ conectada, en lo más esencial de ti, a la Fuente. (Con el conocimiento y la comprensión de que nadie nunca te la podrá quitar. NUNCA).

La magia eres TÚ decidida a reclamar la autoridad sobre tu cuerpo, tu poder, tu capacidad oracular de saber. (En un sistema en el que te han enseñado a ceder tu poder alegremente).

La magia eres TÚ receptáculo de oscuridad y de luz, de poder y de amor. (Es posible y necesario ser un lugar y un espacio capaz de acoger la dualidad. Simultáneamente).

La magia eres TÚ contradictoria, caótica, paradójica. Invariablemente variable e incoherente. (Es en el caos de la contradicción y la paradoja donde son posibles la innovación y el renacer).

La magia eres TÚ en contacto con la tierra, cultivando tus propias plantas, hierbas medicinales y hortalizas. (Porque trabajar la tierra es conectar con nuestras raíces, retornar a nosotras mismas, a nuestro cuerpo, a nuestras antepasadas y a la sanación).

La magia eres TÚ manando de tu propio manantial de plenitud. (Porque cuando estás rebosante –de vida, de vitalidad, de *viriditas*–, el rebose es magia y medicina para TODOS. Sí, todo el mundo se beneficia cuando estás rebosante).

La magia eres TÚ en sintonía con TU ritmo, dirigida por tu ritmo, escuchando y cantando la expresión de TU canto de sirena. (Ser maga es tener dominio de tus misterios femeninos y es, a la vez, el arte de revelarlos —guiada por tu naturaleza instintiva en sincronía con tu inteligencia rítmica—, y habrá momentos en que revelar y momentos en que ocultar; momentos en los que mostrarte al mundo y momentos en los que entrar y descender con tu magia hasta la raíz. LO SABES).

La magia eres TÚ presente en el poder de tu presencia (y que con eso BASTE).

La magia eres TÚ como mito viviente para ESTOS TIEMPOS (porque tu viveza no es algo que «aprender», es recorrer el laberinto hasta llegar al centro de tu cuerpo, para *remembrar* nuevas y necesarias tramas argumentales que trascienden las líneas de tiempo: años, lustros, décadas, siglos, milenios).

La magia eres TÚ como una fuerza magnética, enraizada en Mamá Tierra, con Mamá Tierra como energía primordial, para soñar, dar a luz, ser e irradiar un nuevo emerger. Una nueva posibilidad. (Los sistemas y formas de ser están muriendo y tenemos el poder de reparar y regenerar para poder cocrear otros nuevos. Ha llegado la hora).

Tú, yo y cada una de nosotras somos las magas, y cuando estemos conectadas a nuestra propia fuente y nos nutramos de energía primordial, el mundo se nutrirá de esa misma energía.

☆ Una pequeña ayuda ☆
Infusión de artemisa

Ahora que nos estamos adentrando en el terreno de nuestra magia, te invito a que te prepares una infusión de artemisa, como hacía mi abuela. La artemisa suele ser la primera planta que brota en mi jardín al llegar la primavera, y tiene MUCHAS propiedades curativas. Sin embargo, yo la valoro sobre todo porque me ayuda a recordar MI magia y porque ha sido mi principal aliada vegetal durante el proceso de escribir este libro y compartir contigo mis experiencias. Cada vez que me sentaba a escribir, me tomaba una taza, porque la artemisa es la mejor amiga de una mujer que «ve».

Como planta regida por Venus, la artemisa es femenina por naturaleza y nos ayuda a ver y visualizar el camino para atravesar las innumerables transiciones, a menudo confusas, que experimentamos a medida que avanzamos por la vida. (Es genial muy particularmente en la transición entre la menstruación y la menopausia). La artemisa es un tónico nervioso y tiene propiedades diuréticas y digestivas; es también un tónico uterino y puede tomarse con toda tranquilidad durante largos periodos de tiempo, *excepto* durante el embarazo.

Pongo a secar la artemisa y las hojas las quemo solas como incienso —¡ojo!, desprenden un olor muy fuerte—; el resto de la planta se puede utilizar mezclada con salvia, gordolobo y agripalma en infusiones, fumada o añadida al agua del baño. O de las tres maneras a la vez.

Me ENCANTA estar a remojo en la bañera, en especial cuando lo hago con intención curativa y he añadido al agua alguna planta medicinal, pero para nuestro actual propósito, que es conectar con nuestra propia fuente y recorrer juntas el laberinto, vamos a prepararnos una infusión. Añade dos cucharaditas de artemisa seca al agua hirviendo y déjala reposar diez minutos. La artemisa sola sabe muy amarga; es así, forma parte de su medicina, pero yo le añado siempre una cucharada de miel.

La artemisa favorece las visiones y los sueños y, si te la tomas *con intención*, puede llevarte a un estado de meditación profunda o de trance o activar sueños vívidos. Yo suelo prepararme una taza por la noche antes de irme a la cama o antes de echarme una siesta que sea a la vez un «viaje» medicinal.

Antes de tomarte la infusión, establece una intención muy clara. Por ejemplo: «Bebo esta infusión para recordar mi magia».

...

La misión es la alineación (y la corrección)

Sí, sé que nos han enseñado a atenernos a métodos, sistemas, «listículos» (listas de artículos) y detallados planes de acción que nos dicen qué debemos hacer, qué debemos comprar y cómo debemos usarlo. Pero cuando recuerdas tu magia, sabes que NO hay una única vía de acción, ni mucho menos, y que tu manera de entender y de hacer es la tuya, y puede ser totalmente diferente de la de otra persona.

Por eso, conectar con tu propia fuente NO es algo que yo pueda decirte cómo debes hacer. Esa conexión eres tú re-membrando, descendiendo a través de las capas de tu cuerpo, descubriendo directamente esa fuerza y fuente misteriosa que es la «chispa» primigenia de inteligencia que anima CADA célula viva, *s i n t i e e e n d o* profundamente TU cuerpo y confiando en su sabiduría oracular y en TUS superpoderes sensoriales y en que te harán ver y saber con claridad qué es verdadero, auténtico y liberador para TI.

Eres una fuerza pulsante, magnética, autogenerada en sincronía con la TOTALIDAD de la vida, a través de tu inteligencia rítmica y cíclica, para crear la alineación correcta.

La «salsa» de tu vida es
una fuerza magnética
directa de la Fuente.

Conócete a ti misma (cíclica)

Ser una maga, canal de energía primordial, es y será para siempre un compromiso a cuidarme. De entrada, supuso tener que fortalecerme física, mental, espiritual y psicológicamente para poder equilibrar, contener, potenciar y manifestar plenamente la magia que había recordado. Lo cual supuso, a su vez, conectar íntimamente con mi cuerpo, con una intensidad que hasta entonces desconocía. Así, poco a poco, me he ido convirtiendo en una p a r s i m o n i o o o s a y sensual *vividora* de la vida, para poder ser de verdad mi presencia y, lo que es más importante aún: estar de verdad presente a ella.

En el pasado, hubo épocas muy largas en las que me abandoné. Mi magia me resultaba –a nivel consciente e inconsciente– demasiado inmensa, excesiva, inabordable. Épocas en las que *yo* también me sentía inmensa, excesiva e inabordable. La última fue el duelo del que te he hablado, cuando mi cuerpo NO tenía ya capacidad para contener TANTO. TANTO. DOLOR, y se me desbordó el sistema nervioso, y no me reconocía a mí misma ni reconocía a los demás, y no sabía *cómo* estar en el mundo, y pensaba que era una persona horrible, y me disocié.

Así que la decisión de estar de verdad viva y presente (alimentada por mi energía y mi magia), a diario y a propósito, fue un verdadero acto de amor y devoción, gracias al cual he podido establecer *de nuevo*, d e s p a a a c i o, una relación de confianza con mi cuerpo. Y ahora que confío en él, lo puedo escuchar. Puedo s e n t i i i r lo que vive en mi interior, CÓMO necesita que lo nutra, QUÉ necesita para estar saciado, y espontáneamente, sin presionarme, se lo doy.

Mi naturaleza sensorial está ahora despierta y presente, y gracias a ella descubro la capacidad inmensa que entraña s e n t i i i r s e viva. Capacidad para acoger alegría, gratitud, compasión, amor, tristeza, dolor. Soy capaz de celebrar las victorias (mías y de los demás). Soy capaz de tener paciencia con los inevitables forcejeos y frustraciones (míos y de los demás).

Bailo y canto y lloro, y estoy presente en todo ello. Continuamente cultivo y creo espacio en mí para ser cada día más el amor que es mi verdadera naturaleza. (Sabiendo que existo eternamente en proceso de devenir). Es una curación ancestral a través del conocimiento y el cuidado de mi cuerpo.

Introducción al paisaje cíclico de ELLA

Conocer tu cuerpo, su forma, tus tendencias, tus patrones cíclicos evidentes y no evidentes lo es... TODO. Toda la información y, lo que es aún más importante, toda la sabiduría sobre nosotras mismas que podamos necesitar ahora y siempre se desvelan y revelan en la experiencia consciente de los ritmos y ciclos naturales (ya tenga que ver con los cambios hormonales que experimentamos a lo largo de cada mes y su influencia en cómo respondemos a todo –música, contacto físico, amantes– o con el profundo anhelo de retorno al hogar, a la magia de nuestra más auténtica naturaleza).

Sí, nuestro cuerpo está íntimamente sintonizado con los ciclos de la naturaleza, las estaciones, el sol, la luna, los elementos, el cosmos. Aunque se nos haya condicionado a ignorar nuestra naturaleza cíclica y a estar siempre activas para que la sociedad vea lo «buenas» que somos o para triunfar en la vida. Aunque se nos haya dicho que confiemos en maestros y voces externos en lugar de en nuestro propio cuerpo y su sabiduría sensorial y, debido a lo uno y a lo otro, hayamos aprendido a vivir en línea recta y con la mirada siempre puesta en conseguir y conseguir. A vivir desconectadas de la magia y el poder que nacen de tener una percepción clara de nuestra naturaleza cíclica y, a través de ella, un profundo conocimiento de quiénes somos.

Paisajes interiores y exteriores

Desde que a los veintitantos años me diagnosticaron síndrome de ovario poliquístico y endometriosis, he rastreado y examinado con detalle mi creatividad, mi sexualidad y mi verdadera naturaleza –he estado al acecho de la totalidad de mi experiencia como mujer– a través de la lente cíclica. A través de mi cuerpo y sus patrones de sueño, su ciclo menstrual y sus niveles de energía. A través de los ciclos de la luna, los planetas y la Rueda del Año celta, basada en la Tierra y sus estaciones. Experimentamos en todo momento numerosos ciclos naturales que se entretejen y manifiestan a todos los niveles de nuestro ser, y yo llamo a esto el paisaje cíclico de ELLA. Una interconexión de:

El **paisaje exterior**, por ejemplo:

- La estación del año, ahora, al otro lado de la ventana.
- El suelo que tienes bajo los pies: ¿de qué está hecho? ¿Tierra caliza? ¿Hormigón?
- La posición de los planetas y las estrellas en este momento.

Y el **paisaje interior**:

- Tu respiración: ¿es superficial y rápida, o lenta y profunda?
- Si tienes ciclo menstrual, ¿en qué fase estás? ¿En qué día?
- ¿Qué fase de la feminidad estás viviendo en estos momentos?
- ¿En qué estado físico, mental y espiritual te encuentras?

Tu experiencia vital como inteligencia rítmica

Los ritmos y los ciclos influyen en nuestra manera de experimentar la vida; por eso estoy obsesivamente atenta a la cualidad de la experiencia en cada momento, obsesionada con situarla en el mapa de los ciclos de la naturaleza y con registrar en mi diario cómo responden mi cuerpo y todo mi ser al paisaje cíclico de ELLA.

Además, hacer una evaluación diaria de nuestro *terreno* explora el paisaje interior y el paisaje exterior, los ritmos y los ciclos que están desarrollándose y girando en cada momento, nos despierta una curiosidad a la vez científica Y trascendente por lo que está ocurriendo realmente en nuestro cuerpo en ese instante; un interés por saber por qué haces las cosas que haces y *cómo* puedes funcionar en conjunción con tu inteligencia rítmica, en lugar de contra ella.

Rastrear y cartografiar nuestra experiencia a través de la lente del paisaje de ELLA es una potente práctica espiritual y de encarnación femenina. Porque, seamos realistas: el encantamiento social seguirá intentando hacernos creer que *todo* es un torrente imparable de producción y consumo. Pero la realidad es que NO somos máquinas. Tu productividad, tu alegría, tu vitalidad y tu experiencia de estar verdaderamente viva *no* tienen nada que ver con cuánta fuerza de voluntad tengas ni con cuánto seas capaz de esforzarte, sino con los recursos a los que tienes acceso en cada momento concreto en el contexto de vida que estás viviendo y experimentando.

Así que te invito a que entiendas esto como un ejercicio de experimentación a la vez que de exploración. Una oportunidad para estar presente, con curiosidad y fascinación, a lo que esté pasando en TI en cada momento a todos los niveles.

NOTA: Me he dado cuenta de que, cuando en los talleres o sesiones individuales hablo sobre nuestra naturaleza cíclica, sobre la inteligencia rítmica de TODAS LAS COSAS y nuestra relación con el mundo natural, es TAN fuerte la programación a la que hemos estado sometidas que incluso esto intentamos convertirlo en un protocolo, un sistema, una lista de obligaciones. (Y el resultado es que luego nos impacientamos y nos cabreamos mucho con nosotras mismas cuando, inevitablemente, por la razón que sea, nuestra experiencia no coincide con lo que nos han dicho que *debería* ocurrir en cada ciclo y cada fase).

Rastrear y cartografiar tu paisaje de mujer NO puede ser una manera más de medir lo «bien» o lo «mal» que lo estás haciendo en la vida. No es una práctica disciplinada, porque me importa MUY poco la disciplina. Me importa MUCHO más la devoción: devoción a nuestro cuerpo y a nuestra inteligencia rítmica como manera de estar presentes a lo que NOS pasa y descubrirnos y conocernos en ello. Considéralo una instantánea, una foto diaria de tu experiencia de ese momento *a través de* tu cuerpo (que, por supuesto, será siempre nueva).

Sabiduría cíclica

Rastrear y cartografiar el paisaje de ELLA –tanto interior como exterior– es el arte de conectar con la cíclica fuente de energía primordial y acceder a un sinfín de claves y códigos muy prácticos Y profundamente espirituales.

Como he descubierto, cada nuevo ciclo te da la oportunidad de aprender más sobre ti, sobre tu cuerpo, tus gustos y tus tendencias, y cuanto más sepas de ti, más capacidad tendrás de ser QUIEN auténticamente eres. Y ocupar tu espacio, y cuidarte sin culpa ni miedo, y vivir tu vida de un modo que esté en total sintonía con tus ciclos y tenga pleno sentido para ti.

Desafortunadamente, la *sobrecultura* considera que regirse por los ritmos naturales es un sistema de vida obsoleto, y nos ha reprogramado para que nos ajustemos a un calendario prefijado, que nos obliga a estar activas los siete días de la semana en lugar de guiarnos por los tiempos que marca nuestro cuerpo en consonancia con los tiempos de la naturaleza y los planetas. Pero es algo que podemos reajustar.

> Podemos volver a sintonizar con la
> naturaleza y sus ritmos,
> con las estaciones, los elementos, la
> luna, el ciclo menstrual, los
> planetas. Podemos prestar atención
> a los ritmos y dejar que sean
> ellos nuestros «mapas»
> ancestrales-futuros que nos ayuden
> a vivir en conexión con nuestra propia fuente.

Sí, la sabiduría cíclica es la base de mi forma de nutrirme en todos los sentidos. Trabajar con el flujo y reflujo de las fases del paisaje cíclico *exterior* me permite conectar con mi paisaje cíclico *interior*, continuamente cambiante: mi terreno emocional, físico y mental. Esto me ayuda a reconocer lo que necesito en cada fase para sentirme energizada, vital y plenamente viva.

Cómo lo pongas en práctica es decisión TUYA. Solo, POR FAVOR, no lo conviertas en una cosa más que «hacer». ¿Mi consejo? Estate atenta a tu cuerpo al leer y oír todo esto que comparto aquí contigo y mira a ver qué te mueve dentro y en qué lugar de ti. Tu cuerpo es un paisaje sagrado y ceremonial que, cuando se cuida y se nutre, directamente de la Fuente, crea presencia. Tu presencia es poderosa y emite una frecuencia tuya, auténtica, que es puro magnetismo.

NOTA: Una última cosa. Por favor, por el amor de Juana de Arco y Lizzo, no dejes que nadie te diga que conocerte a ti misma, estar infinitamente fascinada por todo lo que descubres de ti, y lo que te queda por descubrir, está mal. Esta es otra de las jugadas estratégicas del sistema patriarcal: hacer que las mujeres piensen que interesarse por sí mismas y cuidarse es pura vanidad, egoísmo e incluso narcisismo, para que sigamos dando sin fin y no nos paremos ni un minuto a descansar, a recalibrar y a recibir de verdad; y acabemos rotas o exhaustas o deprimidas, o todo junto, y un día nos demos cuenta de que odiamos nuestro cuerpo.

Así que mírate a través de la lente cíclica y recuerda lo mágica que eres. Explora con curiosidad y atención el paisaje de ELLA para poder utilizar a tu favor la energía de los ciclos. Hazlo como expresión de amor a ti misma y como un acto de profunda devoción. Como una manera de recordar, reclamar y reverenciar TU poder y TU presencia.

Retorna a los ritmos y
ciclos naturales
de tu cuerpo,
de Mamá Tierra y
el cosmos.
Experiméntalos
de lleno.
Y deja que tu
magia se revele.

Explora y cartografía el paisaje de ELLA

Hay ciclos naturales que ubican y marcan los momentos más propicios para todo en la vida. Entre ellos están el ciclo de la vida, las cuatro estaciones, las fases de la luna y, si tienes la menstruación, las fases del ciclo menstrual, ciclos de los que es posible hacer gráficos individuales y, sobre todo, interrelacionados, que te ayuden a sincronizar tu vida con los ritmos de la naturaleza a los que *todas* estamos conectadas.

Los ciclos de ELLA

Explorar y cartografiar estos ciclos naturales –a los que cariñosamente llamo «ciclos de ELLA» porque me ayudan a relacionarme más íntima y ardientemente con la ELLA que hay en mí, mi energía primordial– nos da la oportunidad de obtener de cada uno de ellos revelaciones y superpoderes y de crear en nuestro cuerpo un receptáculo capaz de acoger y contener la propia energía cíclica que brota en nosotras.

El ciclo de la vida

En el viaje por el ciclo que es ESTA vida, los seres humanos pasamos por distintas fases arquetípicas. A la mujer, suelen asignársele el arquetipo de la Doncella, luego el de la Madre y... ¿alguno más? La sociedad occidental, sencillamente, sufre de edadismo y tiene muy poco interés por las mujeres que han superado lo que se considera «la mediana edad», porque entiende que ya no le son útiles, si han dejado de ser «guapas» y «sexis» y no tienen ya capacidad para producir ni procrear. Así que a la siguiente fase de la vida le asignamos el arquetipo de la «anciana sabia», es decir, que las mujeres pasamos, directamente, de la «madre» a la «vieja».

Nada me gusta más que subvertir y desbaratar cualquier idea restrictiva y prescriptiva, en especial cuando hace referencia a cómo «deberíamos» vivir y entender la vida. PERO soy consciente de que los arquetipos son una forma muy útil de explicar los modelos de comportamiento que pueden influenciar, afirmar y moldear la experiencia humana. Así que, con los años, basándome en mi propia experiencia y en lo que he visto y aprendido en mi trabajo con miles de mujeres, he reimaginado esos arquetipos para que nos ayuden a conocernos y autoabastecernos.

Las fases arquetípicas y energéticas en la vida de una mujer

Como mujeres, pasamos *al menos* por cuatro fases arquetípicas y energéticas principales, y yo las veo expresarse, y hago referencia a ellas, como:

- **La rebelde:** sí, es jovencita; sí, puede haber en ella descaro y una candorosa inocencia, Y es aquí, en este punto de transición entre niña y mujer, la menarquia –el primer sangrado–, donde está descubriendo su magia. Es juguetona, arriesgada, vital, divertida, descarada, curiosa y aventurera; rebosa de energía y está explorando la astucia y las artimañas como forma de abrirse paso en el mundo.
- **La creadora:** sí, puede que sea madre, pero no tiene por qué serlo. Cuando entramos en lo que a menudo se conoce como «los años reproductivos», en realidad tenemos potencial para crear CUALQUIER COSA (¿te das cuenta de por qué esta fase necesitaba con urgencia una reescritura?). Es aquí donde entramos plenamente en contacto con nuestra magia y adquirimos maestría; donde a través de nuestro cuerpo cultivamos una profunda comprensión de la fuente de energía que somos, conectamos con ella, afinamos la conexión, la ponemos a prueba y juntas creamos una experiencia plena de vida.
- **La mujer embrujada y peligrosa:** esta es una fase de la que no se habla muy a menudo; y si se menciona, se dice que es una fase «revuelta»,

porque puede ser impredecible. Si tenemos ciclo menstrual, es la época en la que suele empezar a cambiar de ritmo. Si tenemos hijos, es cuando potencialmente comienzan a necesitarnos menos. Es una época de transición, y si no estás preparada para ella –y la sociedad occidental se encarga indudablemente de que NO lo estés– puedes sentirte como si no tuvieras un lugar y un espacio en el mundo. Sin embargo, es aquí, en la incertidumbre, donde el sentido de independencia y autosuficiencia se intensifica. Hay quienes lo llaman «crisis de la mediana edad», o el medio retorno de Urano, o perimenopausia; yo lo llamo el momento en el que te importa mucho menos lo que piense nadie y pasas de lo mundano a lo místico; es cuando se te pide que pongas en práctica tu dominio de la magia.

- **La anciana sabia:** me quedo con la palabra *anciana* porque hace referencia a una etapa de la vida de la mujer que, lo mismo que los términos *bruja* y *arpía*, ya es hora de que recuperemos, celebremos y veneremos. Tratamos con condescendencia a la gente mayor. No nos tomamos en serio lo que dicen porque tenemos la idea de que chochean, y, sin embargo, cuando somos la anciana sabia, SOMOS la mística, la guardiana de la medicina, la que tiene gnosis (conocimiento absoluto e intuitivo) de la magia. Si tenemos ciclo menstrual, es en esta época cuando finaliza el sangrado, porque ya no NECESITAMOS sangrar. Hemos reunido toda la sabiduría de los años de sangrado y asumimos nuestro estatus de poder, dueñas y señoras de nuestra magia.

¿Y si estos fueran los arquetipos que tenemos a nuestra disposición a lo largo de la vida? Estas fases de la feminidad podrían estar marcadas por la edad, pero eso supondría que hay un marco temporal establecido de cuándo pasa una mujer de una etapa a otra, y no es así. Las clasificaciones que se puedan hacer no son más que gruesas pinceladas para trazar los contornos de un mapa al que serás TÚ quien añada los detalles y puntos de interés. Ya te dije que, en lo que respecta a la conexión con nuestra propia fuente, NADA se nos da empaquetado, ¿te acuerdas?

Las cuatro estaciones

El Vikingo y yo nos conocimos gracias al profundo amor y respeto que ambos sentimos por el mundo natural, y desde entonces nuestra forma de estar vivos en esta vida, juntos e individualmente, se ha ido formando y moldeando en colaboración con las estaciones de la Tierra:

- **Primavera** – Crecimiento.
- **Verano** – Floración.
- **Otoño** – Cosecha.
- **Invierno** – Recuperación.

Seguimos caminos espirituales distintos él y yo –aunque supersintonizados uno con otro–, pero Mamá Naturaleza y sus transiciones estacionales están en el centro de nuestro ritmo de vida y nuestra experiencia. Dentro de lo posible, comemos productos de temporada, pasamos los meses de invierno en nuestras respectivas cuevas creativas y en primavera y verano socializamos, sacamos a la luz nuestro trabajo creativo y estamos más abiertos al mundo exterior.

Cada vez que me vengo abajo y me deshago, son Sus ritmos estacionales los que me recuerdan que hay un tiempo para todo: un tiempo para descansar y recuperarse, un tiempo para crecer y florecer, y un tiempo para recoger todo lo que se ha sembrado. Es un recordatorio de que NADA es permanente, de que la muerte hace posible que crezca algo nuevo y de que no hemos venido a este mundo a florecer TODO el puto rato.

Para todo hay una estación, y saberlo me ayuda a recomponerme. Si alguna vez se me olvida, y todo empieza a tambalearse, en cuanto lo recuerdo me siento con la espalda apoyada contra el tronco del sabio tejo centenario al sol del verano; cuando he dejado que el sistema nervioso se me desborde, me tumbo con el vientre pegado al suelo del bosque y me dejo abrazar por Ella; me siento a mirar el flujo y reflujo del océano como práctica meditativa; cuido mis plantas y preparo infusiones y tinturas en sintonía con la relación que Ella tenga en ese momento con el sol y la luna y las estaciones del año.

Las fases de la luna

A muchos, incluida yo, la luna y su magia nos sumen en una especie de hechizo. Si has leído alguno de mis libros anteriores, sabrás que estoy OB-SESIONADA con la luna.* Ha sido para mí fuente de inspiración desde que era muy niña, y todas las mujeres de mi familia matrilineal sentían adoración por ella.

Mi madre era lo que en las tradiciones gitana y viajera se conoce como «lectora del cielo». Le traían sin cuidado los ángulos y los grados que estudia la astrología; mi madre «sentía» los planetas y las constelaciones; percibía sus correspondencias con las estaciones, y, literalmente, como las sacerdotisas del templo, leía el cielo. Esto es lo que durante milenios hacían nuestras antepasadas, y los templos se crearon precisamente con este fin.

Hoy estudiamos astrología y astronomía con el máximo detalle a base de cálculos –yo lo he hecho y lo sigo haciendo–, pero ¿cómo lo hacía mi madre? Aquello era un poco menos formal y MUCHO más intuitivo e instintivo. No me enseñó prácticamente NADA de todo lo que me hubiera gustado aprender de ella mientras estaba viva, pero lo que sí me enseñó fue a encontrar las constelaciones en el cielo, a saber qué estaba haciendo la luna en cada momento y a contemplar Venus, como lucero del alba y del atardecer (y a sentir en el cuerpo la diferencia entre uno y otro).

Mi madre ocultó y negó su calidad de bruja todo lo posible. Y lo entiendo: la gente tiene una idea muy romántica de los gitanos y los viajeros, sobre todo de los que aparecen por las redes sociales y se apropian de calificativos como *exótico* y *libre*, cuando lo que en realidad vivimos la mayoría es el racismo, la discriminación. Si, además de venir de una familia *viajera*, haces magia, lees las estrellas y tienes el don de la «visión bruja»…, en fin, NO es de extrañar que mi madre quisiera ocultar su magia para intentar ser «normal».

De todas formas, algo que nunca ocultó ni negó fue su conexión con la luna. Esto ha hecho que, como lo más natural, la luna haya sido para mí desde siempre una de las herramientas más personales, potentes y eficaces cada vez que he necesitado recuperarme, reconectarme con mi cuerpo y recordar mi magia.

Las cuatro fases lunares principales son:

---

* N. de la T.: En castellano en el original.

- **Luna creciente** – ¿Cuál es tu potencial? Ideas e intenciones.
- **Luna llena** – ¿Qué quiere manifestarse en ti? Creatividad y manifestación.
- **Luna menguante** – ¿Qué es necesario que cambie? Edición y análisis.
- **Luna oscura** – ¿Qué es necesario dejar atrás? Desprenderse y soñar.

Por supuesto que puedes hacer magia y hechizos lunares para manifestar cosas concretas cuando la luna alcanza su plenitud (yo indudablemente lo hago), y por supuesto que puedes poner agua y cristales de cuarzo bajo su luz para que se carguen de su magia (yo indudablemente lo hago), pero nada tiene un efecto tan poderoso como algo que mi madre me enseñó a hacer cuando la luna estaba grande y brillante, que era mirarla como estímulo para la autorreflexión.

He descubierto que en cada una de sus fases –y esto puede aplicarse también a las fases de la feminidad, las estaciones y el ciclo menstrual– la luna nos da pistas para que nos «veamos» y nos sintamos a nosotras mismas. Básicamente, si se lo permites, puede ser un incomparable espejo que te devuelva el reflejo de tus deseos y necesidades en cada una de sus fases. Considéralo una terapia lunar, mi forma de terapia favorita.

Las fases del ciclo menstrual

NO ES NINGÚN secreto que aquellas que tenemos útero y menstruamos, o que hemos tenido un ciclo menstrual en esta vida, en uno u otro momento probablemente hemos maldecido la regla, nos ha parecido una pesadez, nos ha hecho sentir vergüenza y, en general, nos ha resultado un maldito incordio.

Sin embargo, tenemos entre trescientos y quinientos ciclos menstruales a lo largo de nuestra vida –el número depende de factores diversos, como pueden ser embarazos y problemas de salud–, y cada uno de los ciclos, en cada una de sus cuatro fases bien definidas, nos da la posibilidad de escuchar a nuestro cuerpo y conocernos mejor a nosotras mismas. Las fases del ciclo menstrual son:

- **Preovulación** – Los estrógenos aumentan y el óvulo se prepara para ser liberado.

- **Ovulación** – Los estrógenos alcanzan su pico y se libera un óvulo.
- **Premenstruación** – Se produce la progesterona y, una vez que alcanza su nivel más alto, desciende como preparación para un posible embarazo.
- **Menstruación** – Tanto la progesterona como los estrógenos disminuyen al empezar a desprenderse el endometrio que revestía el útero.

Muy a grandes rasgos, esto es lo que ocurre a nivel puramente biológico, pero si conoces *algo* de mi trabajo, sabrás que me importa *mucho más* la experiencia psicoespiritual del ciclo menstrual: la subida y bajada energéticas, emocionales, espirituales y psicológicas que se producen mientras atravesamos cada fase.

En cada una de ellas, experimentas la vida a través de la lente de esa determinada fase, es decir, sientes, actúas y te muestras de una manera distinta. Curiosamente, y NO es una coincidencia, las fases del ciclo menstrual tienen las mismas frecuencias energéticas que las fases de la feminidad, las estaciones Y la luna, por lo cual estar atenta a cada uno de los ciclos y coordinar en un gráfico las fases de *todos* ellos es una deliciosa manera de conectar con nosotras mismas, una profundización de nuestras raíces y una expansión de nuestro micelio, que se entreteje en la naturaleza y el cosmos, *como* naturaleza y cosmos.

Friki de los ciclos

He mencionado antes que, tras años de diagnósticos desacertados y de sangrar cada mes más días que no –y de desear todos los días con todas mis fuerzas tener un cuerpo diferente–, a los veintiséis años me diagnosticaron endometriosis y síndrome de ovario poliquístico. Un médico me dijo que tenía cero posibilidades de quedarme embarazada, así que lo mejor era que «me lo quitaran todo» (se refería a los ovarios y la matriz).

Por desgracia, la sugerencia de aquel médico NO era ni es inusual. Todas las semanas, alguna clienta me cuenta que la respuesta de la ginecóloga a su problema de salud menstrual y sexual ha sido: «No se puede hacer nada, vas a tener que vivir con esto/soportar ese dolor/acostumbrarte a los sangrados abundantes».

A muchas les recetan la píldora para «controlar» los síntomas, en lugar de que una profesional sanitaria trabaje íntimamente con ellas, como hago yo, para llegar a la raíz del problema.

Decidí descartar la solución del «bisturí», aunque no te voy a engañar, estuve tentada. Pero en algún sitio de mí había una profunda intuición de que *tenía* que haber algo debajo de aquellos síntomas y de que *tenía* que haber otras posibilidades de curación que me ofrecieran algo más que una simple «supervivencia», a base de tomar hormonas sintéticas y analgésicos, o una vez que me extirparan los órganos reproductores.

Así que me di seis meses y empecé a tomar notas detalladas de mi ciclo (algo que, hasta ese momento, pensaba que solo hacían las mujeres que querían quedarse embarazadas). Me volví una friki. Lo registraba todo, desde la temperatura corporal hasta la consistencia del flujo cervical. Registraba también mis estados de ánimo, mis puntos sensibles y mis puntos de mayor energía; cuándo tenía ganas de sexo (y cuándo terminantemente no); cuándo me sentía creativa, cuándo estaba en condiciones de actuar y cuándo estaba más cansada. Y hacer todo esto significó iniciar una relación con mi paisaje interior y exterior, mi terreno, mi magia y mi poder.

Los brillantes beneficios rojo sangre

Cuando comienzas a experimentar la vida a través de la lente de tu ciclo menstrual, empieza a ocurrir al mismo tiempo lo siguiente:

- Captas cada vez con más claridad las señales de tu cuerpo (incluso las más sutiles).
- Te das cuenta de que el dolor y la incomodidad que puedas experimentar son en realidad un mensaje de que hay algo que está ocurriendo a nivel más profundo y que necesita que le prestes atención.
- Te vuelves más receptiva a tus necesidades físicas, emocionales y espirituales.
- Descubres que tu «diario rojo», con toda la información cíclica que reúnas en él, será con el tiempo tu libro más personal de autoayuda y tu *coach* de vida. (He publicado *El diario rojo*,* emulando el mío, para

---

* N. de la T.: *The Red Journal*. Sin traducción al castellano, por el momento.

que las mujeres que lo deseen puedan registrar en él cada detalle de su ciclo menstrual. No lo NECESITAS, puedes hacerte el tuyo propio a tu manera, pero si quieres algo que esté ya hecho, creado por mí, con amor y específicamente para este fin, te lo recomiendo. Más adelante, en este mismo capítulo, seguiremos hablando del diario).

- Te das cuenta de que puedes confiar en tu capacidad para tomar decisiones inteligentes y acertadas, y de que tienes la posibilidad real de ser amable contigo y vivir de un modo que te resulte creativo, jugoso y que enriquezca tu experiencia de estar viva.

Ciclos dentro de ciclos

Como te decía, podemos entrelazar TODOS estos ciclos de ELLA: podemos superponer las estaciones del año a las fases de la luna, al ciclo menstrual y a las fases de la feminidad. Ciclos en ciclos, sobre ciclos, dentro de ciclos. ESTA es la inteligencia rítmica de *todas* las cosas.

Durante la primera mitad de la experiencia cíclica –la fase de la rebelde/preovulación/luna creciente/primavera y la de la creadora/ovulación/luna llena/verano– nuestra energía es masculina. Tenemos la atención volcada hacia el exterior y, al igual que la luna cuando pasa de creciente a llena, estamos inhalando profundamente mientras crecemos y nos expandimos para encontrarnos con el mundo.

Luego, cuando pasamos a la segunda mitad de la experiencia cíclica –la fase de la mujer embrujada y peligrosa/premenstruación/luna menguante/otoño y la de la anciana sabia/menstruación/luna oscura/invierno– nuestra energía se desplaza hacia lo femenino. Nos retiramos del mundo y empezamos a volvernos hacia dentro, y al igual que la luna menguante acaba por ocultarse en el cielo, nos relajamos, nos soltamos de todo y exhalamos, apartadas del mundo, de vuelta al hogar. A nosotras mismas. A la Tierra, al vacío, a Ma de la Materia Oscura.

Así pues, la inhalación es masculina, nos llena de energía activa y resolutiva, mientras que la exhalación es femenina: una profunda distensión, ralentización y entrega interior. Esta hermosa danza masculina-femenina está presente en cada respiración, en nuestro ciclo de vida, en las fases de la luna, en las estaciones, en el ciclo menstrual.

Por eso, cuando rastrees y cartografíes en ti el paisaje de ELLA, pronto te darás cuenta de que tienes la oportunidad de CONOCERTE de verdad gracias a una energía espiritual, emocional, hormonal y creativa eternamente cambiante y que se convierte en un mapa de TU paisaje y de tu capacidad cíclica de ser en cada momento fuente de sabiduría y magia para ti misma.

Ve d e s p a a a c i o y pon la atención en el aspecto que más te fascine, sabiendo que en todo momento están ocurriendo muchos ciclos dentro de ciclos a los que puedes acceder y que te ayudarán a comprenderte, conocerte y quererte.

Es, literalmente, revolucionario.[*]

Energética cíclica

En la tabla contigua y en los apartados que le siguen, te cuento cuál es la «apariencia» que puede o podría tener cada ciclo de ELLA, cómo puede o podría sentirse y experimentarse, arquetípica y energéticamente. He incluido también las capacidades que se intensificarán en cada uno de ellos, para que al tomar nota de los detalles de tus ciclos y situarlos en el mapa, te hagas una idea de cómo podría presentarse en tu caso cada una de esas capacidades acrecentadas y qué poderes mágicos tienes la posibilidad de recordar allí.

No olvides, sin embargo, que la experiencia de cada persona es diferente. Te contaré lo que yo *he* descubierto –desde lo que he encontrado gracias al tarot y las correspondencias elementales hasta lo que he hallado que necesito para sentirme plenamente llena de energía y vitalidad, ya sea en una fase lunar, en una de mis fases menstruales, en una de las fases de la feminidad o en una estación del año–, y luego, cuando tú explores tus ciclos (a través de la lente cíclica que elijas), puedes tomar notas e intuir lo que necesitas para sintonizar con tus ritmos naturales y tu naturaleza cíclica, y, en consonancia con ellos, colmarte de cuidados, amor y magia.

NOTA: Si has leído alguno de mis libros anteriores, lo que sigue puede parecerte territorio muy familiar. Bien. Mira a ver si eres capaz de soltarte de la

---

[*] N. de la T.: «Revolución», en astronomía y astrología, es el movimiento de un astro a lo largo de una órbita completa.

idea de que «ya te lo sabes» y profundizar más. Si eres capaz de dejar que aflore y esté presente MÁS de tu conocimiento de ti misma y tu sabiduría.

ESTACIÓN	PRIMAVERA	VERANO	OTOÑO	INVIERNO
Ciclo de la vida/fase de la feminidad	La rebelde: curiosa y sensual.	La creadora: fértil y fecunda.	La mujer embrujada y peligrosa: indómita y sin filtro.	La anciana sabia: omnisciente y bastante indiferente a las expectativas de la sociedad.
Fase de maestría en el arte de la magia	Descubre tu magia.	Prácticas de magia iniciales.	La magia en acción: dominio de la magia.	Maestra consumada de magia.
Fases lunares	Creciente	Llena	Menguante	Oscura (nueva)
Fases del ciclo menstrual	Preovulación	Ovulación	Premenstruación	Menstruación
La energía cíclica que tienes a tu disposición	Crecimiento: planta nuevas semillas, cuídalas, míralas germinar. Curiosidad: ábrete a nuevas experiencias y estate dispuesta a probar cosas nuevas.	Creación y manifestación: que los sueños y las ideas se hagan realidad.	Revelación: verlo todo exactamente como es. Desprenderse, soltarse de todo.	Muerte y renacer: rendición y nuevos comienzos. Tiempo de ensoñar (visiones).
Sentimientos	Optimista Audaz Todo es posible	Segura de ti misma Positiva Con confianza	Lengua de serpiente Sin tonterías Discernimiento	Suave Soñadora Contemplativa

NOTA: Estas son mis interpretaciones de los arquetipos y de las energías que contienen. Los he reimaginado a partir de modelos más patriarcales; así que, por ejemplo, cuando leas la rebelde, tal vez pienses: «Un momento, eso no fue lo que yo viví en la menarquia», o justo el día que leas sobre la mujer embrujada y peligrosa estés tan harta y agotada de abrirte camino

LA MAGIA ERES TÚ

en un mundo NO precisamente favorable que lo de dominar tu magia te parezca que no va dirigido a ti.

No pasa nada. Mis interpretaciones son solo una semilla de ardiente esperanza, plantada con amor entre estas páginas para avivar el recuerdo. Puedes decidir qué nombre le pones a cada fase de tu vida y de tus ciclos. Es más, te recomiendo que lo hagas. De la misma manera que a muchas partes del cuerpo de una mujer se les ha puesto el nombre de los hombres que se cree que las «descubrieron» (prefiero NO entrar en ESTO), nosotras tenemos derecho a reclamar y renombrar. Tú, a tu manera, ¿recuerdas?

◑ La rebelde/preovulación/luna creciente/fase de primavera

Elemento: aire.
Energía: masculina y extravertida.
Superpoder: creatividad y audacia.
Mantra: «hago cantidad de cosas».
Carta del tarot: el Loco.
Canción: «Like a Virgin», Madonna.

La rebelde

Es una chica vital, joven, llena de esperanza, de posibilidades, de potencial. Es juguetona Y le gusta el riesgo. Es dinámica, activa y animada. Como la joven Kamala Khan en la serie *Ms. Marvel* o Dorothy en la película *El mago de Oz* –que se encuentra de repente andando por un camino de baldosas amarillas, en este nuevo e increíble mundo en tecnicolor–, es ingenua, tiene los ojos abiertos de par en par y la asalta de vez en cuando algún temor, pero las posibilidades de lo que está por venir son palpables en cuanto emprende su nueva aventura.

Sin embargo, si, como en mi caso, durante tus años de jovencita rebelde incomprensiblemente NO te coronaron reina del baile de graduación, o no tenías el pelo ondulado como recién salida de la peluquería, o tal vez tu primera experiencia sexual estuvo muy lejos de parecerse al ideal soñado, o sentiste una vergüenza espantosa el día de tu primera regla (o fue como si no hubiera pasado nada porque nadie le dio la menor importancia, lo que ha hecho que no tengas ninguna relación con tu sangrado menstrual), es posible que a nivel subconsciente haya en ti angustia o dolor, y esta no sea ni mucho menos tu fase preferida.

SUGERENCIA PARA TU DIARIO

Puede que estés actualmente en la fase rebelde de la feminidad o puede que sea un recuerdo lejano. Puede que seas la madre de una joven rebelde y tengas que revivir ahora esta fase a través de sus ojos y atravesarla a base de pactos y negociaciones. O tal vez te sientas presionada por las expectativas sociales a estar a la altura del ideal de belleza de una joven rebelde.

¿Qué evoca en ti la palabra *rebelde*? ¿Qué te viene a la mente cuando piensas en la pubertad, en tu primer sangrado, tu primer beso, tu primera experiencia sexual, tu físico en aquella época?

Maestría de la magia

Es en esta fase cuando tenemos el primer encuentro con nuestra magia, cuando descubrimos nuestro cuerpo y su potencial de desarrollo y creación, y cuando somos conscientes de la influencia y el impacto que tenemos en los demás. Nuestras experiencias toman forma a partir de lo que hemos aprendido en nuestra vida, que, en la mayoría de los casos, se basa en lo que la sociedad, la escuela, los medios de comunicación y la familia nos han inculcado. Pero ¿y si se basara en el recuerdo y la maestría de nuestra magia? Sería aquí, como joven rebelde, donde la descubrirías, jugarías con ella, organizarías algún que otro pequeño desastre; inevitablemente, pero a base de equivocarte y aprender reconocerías, por primera vez, la energía primordial que hay en ti, a tu disposición, para que hagas magia (rindiéndote) en colaboración con ella.

Luna creciente e información preovulatoria

Como tus niveles de energía están en ascenso, esta es la fase en la que puedes terminar tareas pendientes, iniciar nuevos proyectos, conocer gente nueva, plantar nuevas semillas, probar alguna nueva actividad y, básicamente, aprovechar la energía renovada que fluye a través de ti. Es un momento propicio para dar un salto de fe, asumir riesgos y hacer grandes cambios en tu vida. En esta fase, PUEDES producir según los estándares sociales (porque así es como están establecidos los sistemas y las estructuras), pero la pregunta es: ¿quieres hacerlo? Y si es así, ¿qué quieres crear?

Sabiduría primaveral

El Sabbat (una antigua fiesta pagana basada en la Rueda del Año celta) de Imbolc marca el comienzo de la primavera: tras la muerte y la oscuridad del invierno, la vida nos da la oportunidad de un nuevo comienzo, de empezar de cero, de plantar nuevas semillas y verlas crecer.

La energía cíclica que tienes a tu disposición

Esto es lo que he descubierto que se nos ofrece en esta fase:

- **Juego** – Experimenta y deja que la alegría y la ligereza estén presentes en la posibilidad.
- **Pasión, entusiasmo y curiosidad** – ¿Para qué? Para TODAS. LAS. COSAS.
- **Sensualidad** – Prueba cosas nuevas, asiste a una clase que te estimule.
- **Desarrollo personal** – Socializa con gente que te inspire y ayude a crecer.
- **La oportunidad de meter la pata** – De hecho, te animo a que lo hagas. Prueba cosas, equivócate, atrévete a ser imperfecta. Esta fase en la que descubres y redescubres tu magia una y otra vez debería ser tiempo para el ensayo, NO para el perfeccionismo.
- **Arriésgate a actuar** – En esta fase es mucho más fácil hacer cosas «arriesgadas», como presentar un libro a una editorial, salir con alguien nuevo o ponerte delante de un lienzo por primera vez. Di que sí cuando normalmente dirías que no. (Y si no te gusta lo que te encuentras,

SEA LO QUE SEA, ejerce tu derecho absoluto a cambiar de opinión en CUALQUIER momento).
- Apaga el móvil y vive aventuras – Vive TODAS las aventuras.

○ La creadora/ovulación/luna llena/fase de verano

Elemento: fuego.
Energía: masculina y extravertida.
Superpoder: seguridad y confianza en una misma.
Mantra: «puedo hacer LO QUE SEA (pero eso no significa que tenga que hacerlo todo)».
Carta del tarot: la Emperatriz.
Canción: «Girl on Fire», Alicia Keyes.

La creadora

Lo mismo que la luna llena ha madurado hasta alcanzar su estado de máximo potencial, en la fase de la creadora has alcanzado tu estado de fecundidad y eres tierra fértil capaz de manifestar las semillas que plantó la rebelde.

Es el momento en el que te embarazas de vida, lo cual no significa que tengas que engendrar un bebé para ser la creadora. Eres pura creatividad y productividad, además de sumamente sociable y expresiva. Y ¿todo esto junto? Pues está claro: tienes todos los ingredientes para manifestar magia a raudales. De la mejor.

Como es habitual en los mitos y películas en que ocupa un lugar central una mujer poderosa, la franquicia mediática Marvel nos presenta al personaje de Wanda Maximoff, la Bruja Escarlata, como una «loca». Pero esa «loca» tiene el poder de crear a voluntad, y lo hace. También *tú* tienes la capacidad de ser dueña tanto de tu magia como de tu destino.

SUGERENCIA PARA TU DIARIO

¿Qué evoca en ti la palabra *creadora*? ¿Utilizarías una palabra distinta para referirte a esta fase?

¿Eres mamá? Esta fase normalmente se asocia con LA madre. Si no lo eres, ¿qué significa en tu vida ser creadora? ¿Cómo se manifiesta?

Si eres madre, ¿cómo vives la maternidad? ¿Qué evoca en tu ser la palabra *madre*? ¿Es una sensación similar o diferente de la que evoca la palabra *creadora*?

¿Qué quiere en estos momentos ser creado por ti y a través de ti? ¿Cómo podrías utilizar la energía de esta fase para encauzar tu poder y manifestar tu magia?

Maestría de la magia

Es aquí donde empiezas a hacerte dueña de tu magia. Cuando a la luz de la luna llena reconoces el potencial de tu energía primordial y cómo utilizarla. Aquí empieza la etapa de maestría. Es aquí donde comienzas a perfeccionar tus dones mágicos y a aprovechar al máximo lo que significa ser fuente de magia para ti misma.

Información sobre la luna llena y la ovulación

Durante esta fase es MUCHO más fácil establecer contactos, mostrarte al mundo, expresarte y expresar tus ideas y, lo que es aún más importante, hacerlas realidad. Te vuelves magnética, confías en ti, te resulta mucho más fácil que en ninguna otra fase tener seguridad en ti misma (seguridad auténtica, no chulería) y abrirte al exterior (es decir, que te gusta hablar y que te vean). Ahora eres capaz de forjar conexiones profundas y causar impresiones duraderas. Si quieres pedir un aumento de sueldo, hacer una presentación o tener una charla profunda con tu pareja, este es el momento de hacerlo. Eres fuego.

Sabiduría estival

El antiguo Sabbat pagano de Litha marca el solsticio de verano. Es la época del año en la que crecen las cosechas y la tierra se ha calentado. Los días son largos y podemos estar al aire libre, socializar y pasar tiempo con los demás.

La energía cíclica que tienes a tu disposición

Esta fase te ofrece la energía para la:

- **Creación** – Para crear, manifestar y dar a luz (y renacer). Además, si TIE-NES ciclo menstrual, prepárate algunas comidas mientras tu energía está al máximo y congélalas para el momento de la menstruación. La anciana sabia que hay en ti te lo agradecerá.
- **Expresión** – Exprésate a través de tu voz, de tu arte, de la ropa que te pones, de la forma en que pasas el tiempo, de las palabras que dices, de las personas con las que te reúnes. Es la huella que quieres dejar, son las decisiones que tomas en alineación con tu corazón y tu vientre, todo ello plenamente expresado en el mundo.
- **Iluminación y visibilidad** – Tus dones y talentos se intensifican, y como la creadora que eres, tienes la capacidad de mostrarte y exteriorizarlos con seguridad y destreza.
- **Eficacia** – En esta fase puedes hacer muchas cosas (lo cual no significa que estés obligada a hacerlas). Quizá notes una tendencia a hacer más de la cuenta, ya que el encantamiento de la productividad bajo el que TODOS vivimos es muy fuerte. Ten cuidado de no acabar agotada. Tienes muchísima energía; úsala con prudencia.

◑ *La mujer embrujada y peligrosa/premenstruación/ luna menguante/fase de otoño*

Elemento: agua.
Energía: femenina e introvertida.
Superpoder: la habilidad de cortar por lo sano con las chorradas.
Carta del tarot: la Fuerza.

Mantra: «no me subestimes. *Me conozco*».
Canción: «Respect», Aretha Franklin.

La mujer embrujada y peligrosa

Los rasgos lógicos, masculinos, del pensamiento rectilíneo y práctico que nos sirvieron cuando éramos la rebelde y la creadora no están demasiado a nuestra disposición en las fases regidas por la cualidad de lo femenino. Hay un claro cambio energético del «hacer» al «ser». Desafortunadamente, nos han dicho que podemos, y *debemos*, seguir esforzándonos y funcionando y produciendo con la misma intensidad.

Solo que, como nos ocurre cuando tenemos ciclo menstrual, como sucede cuando la energía de la luna comienza a menguar, en este momento sencillamente NO es posible. Al menos, no sin que tenga efectos secundarios graves, que pueden ir desde la irritabilidad, la frustración, la confusión y la tristeza hasta la depresión, la ansiedad, las adicciones y la extenuación absoluta.

Como decía, a esta fase de nuestra experiencia de vida no suele concedérsele un papel muy destacado, lo cual me parece muy interesante, ya que representa todo lo que es salvaje, embrujado Y peligroso: es la carta de la Fuerza en el tarot, la versión de la feminidad que la sociedad moderna ignora en favor de una versión más joven y animada. Podemos verlo en la interpretación que hace Angelina Jolie del hada Maléfica en la película del mismo nombre.

Sin embargo, es en esta fase cuando tenemos una comprensión profunda e intuitiva del universo, cuando nos interesa mucho menos la mundanidad de la vida y dirigimos la atención a lo místico. Penetramos en nuestra experiencia de la vida y en el conocimiento que remembramos y utilizamos la sabiduría que de ello se nos revela para enseñar, para compartir con los demás esas revelaciones y aportar algo al mundo en lugar de intentar controlarlo y manipularlo todo.

NOTA: Esto es indicativo de la fase de la perimenopausia, de la que prácticamente nunca se habla (¿te das cuenta de por qué el nombre de esta fase es embrujada y peligrosa?). Oír la palabra *perimenopausia* –el tiempo de transición entre los años de sangrado y la menopausia– es como oír hablar de la «caída» de algo que antes tuvo una enérgica presencia y empieza a no tenerla; y, en realidad, lo cierto es que esta fase carece POR COMPLETO de poder. La naturópata Vera Martins, en su blog para Mpowder.store, la describe como «una época de gran inestabilidad hormonal. Parece que las hormonas estuvieran en una montaña rusa [...] Es una especie de pubertad en sentido inverso».

Debido a que rara vez se habla abiertamente de ella, la perimenopausia hace que muchas mujeres duden en algunos momentos de si se están volviendo «locas», que es también como muchas nos sentimos cada mes durante la fase de premenstruación. Se nos ha domesticado, silenciado y censurado durante siglos, y es en esta parte de nuestra vida, Y en esta fase de nuestro ciclo menstrual, cuando los efectos de eso están más presentes que en ningún otro momento. Porque es aquí donde nuestra naturaleza salvaje –nuestra verdad, nuestra voz, nuestro cuerpo, nuestra esencia misma, en toda su imperfección– exige desdomesticarse, sin censuras que valgan. Y si eso de verdad ocurriera, empezaríamos a ser menos dóciles; sabríamos con transparencia cuándo nos están mintiendo, así que la sociedad no podría engañarnos tan fácilmente y..., en fin, seríamos un «peligro».

Debería ser en esta fase de mujer embrujada y peligrosa cuando más conectadas y más a gusto nos sintiéramos, pero como nos han enseñado y condicionado a ir en contra de nuestra naturaleza cíclica, en lugar de eso la sufrimos. Para entonces nos hemos desconectado tanto de nuestro saber más íntimo que ya no sabemos cómo volver a él. Así que ya es hora de remembrar y recuperar TODO lo enérgico y poderoso de esta fase.

NOTA EXTRA: Me preguntan con frecuencia si tengo pensado escribir un libro sobre la perimenopausia y la menopausia, y la respuesta es sí. A medida que vaya avanzando en mi propio rito de paso, las herramientas, rituales y ritos que descubra que me son de ayuda los compartiré contigo. Lo prometo.

SUGERENCIA PARA TU DIARIO

¿Qué evoca en ti lo que acabas de leer sobre la mujer embrujada y peligrosa?

¿Qué emociones aparecen en ti al visualizar o percibir desde dentro esta fase? ¿Sientes rabia? ¿Te da miedo lo que significaría ser esa mujer a la vez embrujada Y peligrosa o te reconoces en ella?

¿Reprimes normalmente a la mujer embrujada y peligrosa que hay en ti? ¿Crees que podría ser tan incontrolable que, por si acaso, la tienes atada? ¿O te sientes atrapada y nada te gustaría tanto como sentirla expresarse a través de ti?

La primera vez que dejé salir un poco a mi mujer embrujada y peligrosa, me dio miedo. Pensé que era «excesiva»: mi magia, yo, conectada a la fuente, viéndolo TODO..., ufff, era DEMASIADO. Pero eso es justo lo que nos han enseñado a creer, estamos programadas para sentir precisamente eso. Así que, poco a poco, ciclo tras ciclo, aproveché la oportunidad de encontrarme conmigo misma en esta fase. Examiné mi rabia, mi naturaleza desatada, y convertí lo bruja que era en auténtica brujería. Y la he encauzado –no domesticado– para que me sea de verdad útil. Para poder así ser una mujer de verdad útil.

Maestría de la magia

En esta fase, todo lo que parecía mundano se convierte en terreno de la mística. Has perfeccionado tu maestría: CONOCES tu magia porque te CONOCES a ti misma y eres capaz de aplicarla, hacer uso del discernimiento para saber cuándo y cómo usarla, y cuándo intensificarla o silenciarla.

Esto es lo que vi hacer a mi madre. Yo sabía que era mágica porque mi abuela también lo era, pero las dos, mi madre sobre todo, tenían mucho miedo de que la gente se enterara. Cuando estaba escribiendo *Bruja*, no lo entendía: como última descendiente de mi linaje matrilineal, quería que finalizara en mí de una vez para siempre aquel miedo a la persecución.

Pero vivir en estos tiempos me hace darme cuenta de lo importante que es para mí, por un lado, CONOCER mi magia, SABER cómo encauzar mi energía primordial para fortalecerme y autoabastecerme, Y, por otro, ser capaz de reconocer y discernir cuándo apagarlo todo yo también. La maestría de la magia es SABER de verdad que somos mujeres embrujadas y peligrosas y actuar en consecuencia.

Información sobre la premenstruación y la luna menguante

Esta fase nos adentra en el terreno de lo femenino: es una invitación a dejar de correr, a producir menos y a volvernos hacia dentro y estar abiertas a recibir. Si lo permites sin oponer resistencia, nace de ello TANTA claridad... Puede que sientas la necesidad de limpiar, decorar u ordenar la casa, organizar tu despacho y tu sistema de archivos, y eliminar de tu vida situaciones y personas que no te sientan bien. Te advierto que todo lo que en la primera mitad de la experiencia cíclica escondiste debajo de la alfombra para no verlo, o que simplemente decidiste ignorar, es muy probable que reaparezca en esta fase. Es tiempo de análisis y discernimiento.

Sabiduría otoñal

El antiguo Sabbat pagano de Samhain marca la llegada del otoño. Es la época del año en la que los árboles empiezan a perder las hojas, en la que sientes la necesidad de pasar más tiempo en casa, preparándote para el invierno. Es una invitación a mirar hacia dentro, a preocuparnos menos por lo que ocurre en el mundo exterior y dirigir la atención hacia nuestro propio paisaje interior.

La energía cíclica que tienes a tu disposición

Esta fase te ofrece la energía para:

- **La visión interior** – Cuando vives más despacio y te vuelves hacia dentro, puedes conectar con tu poder de pitonisa, tu energía primordial, mucho más que en cualquier otra fase. (No significa que no puedas hacerlo en otras fases, pero en esta energía es mucho más intensa).

- **Cosechar** – Celebra y agradece todo lo que tienes.
- **Revisar y discernir** – Tanto la tolerancia como la paciencia suelen ser escasas en esta fase; en cambio, tendrás capacidad abundante para cortar por lo sano con las chorradas.
- **Exigir la verdad** (tanto la tuya propia como la de los demás) – Tu detector de gilipolleces está en modalidad hipersensible y exigirás autenticidad y que las cosas sean «reales» (nuevamente, de ti misma y de los demás).
- **Romper con viejas creencias y formas de pensar** – Sí, cualquier cosa que sientes que no te ayuda ni te enriquece va a la basura, y ahí es donde puede ocurrir la verdadera reparación femenina.

● La anciana sabia/menstruación/luna oscura/fase de invierno

Elemento: tierra.

Energía: femenina e introvertida.

Superpoder: percepción sensorial acrecentada y consciencia de *todo*.

Mantra: «deja que fluya».

Carta del tarot: el Mundo.

Canción: «Time to Flow», D-Nice feat. Treach.

A la anciana sabia se le ha dado a menudo el nombre de «vieja bruja». Es la más temida en las «cacerías de mujeres/brujas». ¿Por qué? Porque era la que más SABÍA.

Es vieja y es sabia. Representa a la mujer que está en la menopausia. (Odio esta palabra. ¿Podemos inventar un nuevo vocablo para esta experiencia, POR FAVOR?). Ya no necesitamos experimentar cada fase del ciclo menstrual porque, cuando llegamos a ser la anciana sabia, tenemos y mantenemos TODAS las fases *dentro* de nosotras. Tenemos una perspectiva omnisciente de la experiencia de la vida. Somos sabiduría personificada. Sabemos cosas. Estamos entre dos mundos; el velo aquí es superfino, por eso nuestra magia es tan fuerte. Nuestras antepasadas antiguas-futuras están muy cerca y es más fácil conversar con ellas aquí que en ninguna otra fase.

La anciana sabia –y esta es una de las MUCHAS razones por las que me encanta esta fase– es inmune a las gilipolleces sociales, y *debería* ser capaz de vivir sin esa clase de restricciones. Lo que pasa es que en la sociedad occidental muchas mujeres entran en la menopausia sin ninguna preparación, sin conciencia o conocimiento del poder que hay en ellas, y es probable que, en lugar de poderosas, se sientan «acabadas», innecesarias, superfluas. (Comprensiblemente, claro, ya que eso es lo que se encargan de perpetuar la mayor parte de los medios de comunicación que nos alimentan las ideas).

Busca representaciones de esta mujer en tu día a día. No te será fácil, porque los medios de comunicación y la sociedad aprecian todavía menos a la anciana sabia que a la mujer hechizada y peligrosa. Pero existen, y cuando te las encuentres, verás que son un prodigio de la naturaleza. Me encantan la profesora McGonagall en las películas de *Harry Potter* y la princesa Leia en las secuelas de *Star Wars*.

Conectar con la anciana sabia es conectar con la parte de ti que es infinitamente sabia, omnisciente, comprensiva y compasiva, pero que también es veraz, va directa al grano y le importa una mierda lo que piense nadie.

SUGERENCIA PARA TU DIARIO

¿Qué sensación te produce la idea o la realidad de envejecer? ¿Te da miedo? ¿Te preocupa? ¿Te parece emocionante?

¿Cuál era o es tu relación con las ancianas sabias de tu familia? ¿Conociste a alguna? Si es así, ¿pasaste tiempo con ellas? ¿Qué relatos suyos siguen vivos en ti? ¿Necesitas seguir llevándolos contigo? ¿Son un legado o una carga? ¿Merecen que los celebres o que te despidas de ellos?

Maestría de la magia

En esta fase encarnas plenamente tu magia: eres Dueña y Señora de tu magia. Ya no te queda nada por remembrar. Eres ELLA. ¿Por qué crees que en los cuentos de hadas se representa a la anciana sabia como una bruja «malvada»? Porque en la vejez es cuando MÁS poderosas somos.

Menstruación e información sobre la luna oscura

Esta es la fase en la que conectar con tu sabiduría interior. De hecho, si lo permites, es una oportunidad para reflexionar profundamente cada mes, una oportunidad para soltar lo que ya no sea necesario y relevante en tu vida y para hacerte realmente una idea de lo que es necesario y relevante de cara al futuro. De esta manera, puedes soñar, visualizar y remembrar, para poder luego sembrar las semillas de tus visiones, sueños y remembranzas cuando vuelvas a entrar en la fase de preovulación/luna menguante. ¿A que mola?

Sabiduría invernal

El antiguo Sabbat pagano de Yule marca el solsticio de invierno, la oscuridad que precede a la luz, el momento más oscuro..., y todas sabemos lo que es eso, ¿verdad? La noche oscura del alma, que te hace caer de rodillas al suelo y pensar que no volverás a ver la luz. En cambio, celebramos ese cíclico solsticio de invierno, el día del año con menos horas de luz, porque sabemos, con absoluta certeza, que la luz ESTÁ ya empezando a retornar.

Lo mismo ocurre en nuestro ciclo menstrual los días previos al sangrado. Nos llama a la oscuridad, nos pide que estemos dispuestas a desprendernos de lo que ya no nos sirve; y cuando sangramos, nos sentimos liberadas y aliviadas, al avanzar ya de nuevo hacia la luz de la ovulación, el solsticio de verano.

La energía cíclica que tienes a tu disposición

Esta fase te ofrece la energía para:

- **Soñar y visualizar** – En la primera parte del libro he mencionado la «cámara de los sueños y la creación» del Hipogeo de Malta, un templo creado expresamente para que las visiones de las mujeres cobraran vida, porque se tomaban MUY en serio lo de «soñar», y yo también.

Cuida de que tus ensoñaciones, en especial durante la fase oscura de la luna o durante la fase de menstruación, si tienes ciclo menstrual, sean un tiempo sagrado de visión. Deja que las visiones y revelaciones tomen forma en el espacio de NO objetos, donde TODO es posible.

- **Cuidarte** – Prepárate una taza de tu infusión favorita y come chocolate; a mí me encanta el cacao ceremonial Y me encantan las rosas de dulce de leche.
- **Disfrutar comiendo** – Si tienes el ciclo menstrual, ahora mismo estarás dándole las gracias a la creadora que hay en ti por haber preparado comidas tan nutritivas para cuando estuvieras justamente aquí, en este lugar y espacio entre dos mundos.

La parte de cómo rastrear y cartografiar

Aunque seguro que no NECESITAS que te diga *cómo* llevar un diario, ya te he contado que creé *El diario rojo* (*The Red Journal*) para las que tengáis interés en hacer un registro detallado del ciclo de la luna y el ciclo menstrual (no hace falta que tengas el ciclo menstrual para que puedas disfrutar con esto). Pero si eres la clase de chica a la que le gusta ir por libre, estos son algunos de los datos que podrías anotar cada día en tu diario:

- La fecha.
- El signo astrológico de ese momento.
- La fase lunar.
- El signo astrológico en el que esté la luna.
- La estación.
- Si tienes menstruación, en qué día del ciclo estás.
- Los sentimientos. Puedes anotar tus emociones: cómo te sientes física, mental y espiritualmente. Tus niveles de energía: si has dormido bien y durante cuánto tiempo. Tu estado de ánimo, tus sueños, tu relación con los demás, tu deseo sexual.
- Tu dedicación a ti misma. Puedes describir tus deseos, necesidades y anhelos. Dónde tienes la cabeza. Qué movimientos has hecho hoy. Qué movimientos te harían sentirte bien. En qué momento y cómo has experimentado placer. Qué necesitarías hoy para sentir placer. Qué

has hecho para nutrirte profundamente. ¿Qué te sentaría bien que no hayas hecho todavía?

• *Riffs* del Corazón. Deja que tu corazón exprese las cosas favorables y difíciles que han ocurrido a lo largo del día. ¿Qué sensaciones te han despertado? ¿Has reaccionado a ellas o has respondido?

Puedes hacer que sea una exploración diaria superdetallada o crear una serie de símbolos, tuyos, los que quieras, y una leyenda sencilla que explique su significado en relación con tu proceso. Luego, al final de cada mes (o ciclo lunar, ciclo menstrual o estación..., ya me entiendes), haciendo uso de tus dotes detectivescas, puedes revisar las anotaciones de tu diario y reunir pistas sobre lo que realmente está ocurriendo EN tu cuerpo y los cambios de un ciclo a otro.

NOTA: Deja que TU particular inteligencia rítmica se dé a conocer. Tal vez te sientas inclinada a prestar más atención, por ejemplo, a tus patrones de sueño. Nuestros ritmos circadianos están sincronizados con el sol, que influye también en el equilibrio de la insulina y el azúcar en sangre, las hormonas, la salud intestinal, el sueño y el estado de ánimo.

O si, como yo, tienes la menstruación y estás obsesionada con la astrología, averigua y anota en qué signos astrológicos se produce el sangrado y en qué signo astrológico está la luna en esos momentos (porque, cada mes, la luna pasa por cada signo astrológico y se desplaza de uno a otro aproximadamente cada dos días y medio).

Obtener y reunir toda esta información me ha dado un conocimiento más íntimo de mí misma, y en la actualidad hace que me importe menos el ciclo de veintiocho días en sí que los detalles astrológicos de ese determinado ciclo. Si tienes curiosidad, te lo recomiendo (y si quieres explorarlo más a fondo, puedes escuchar en Internet mi programa de «estudio de una misma» llamado *Bloody astrology* (Astrología y sangre), en www.thesassyshe.com/bloodyastrology).

La vida como exploración cíclica

Todo lo que acabo de contarte sobre llevar un diario y anotar cada día las cosas que descubres creo que es importante (soy una GRAN *fan* de los diarios). Pero si te soy sincera, lo que me gustaría por encima de todo es que explorar tu paisaje de mujer, el paisaje de ELLA, sea para ti una experiencia lúdica y divertida, y que en el curso de la exploración descubras un montón de información sobre ti misma que te ayude, te anime y te conduzca a:

- Recordar tu magia.
- Conocer y escuchar TUS ritmos naturales a través de tu propia experiencia de la vida.
- Cultivar la confianza en ti misma. Tu naturaleza cíclica te ayuda a confiar en tu verdadera naturaleza, que lo ve todo y lo siente todo, a confiar en tu pitonisa interior, y en que su voz te indicará cuándo acercarte o alejarte de situaciones, personas o lugares, aunque no le encuentres la lógica en ese momento, pero confiando plenamente en que las razones se revelarán por sí solas.
- Practicar –a través de los ciclos, las estaciones y los ritmos– el acto y el arte de recibir y darte amor y alimento, de honrar el estado en que te encuentres a todos los niveles de tu ser en cada instante, de cuidarte y nutrirte en ese estado preciso, con más hábitos y rituales que honren tu cuerpo y menos conductas compulsivas enfocadas en conseguir lo que sea.
- Tomar las medidas necesarias (o no tomarlas) basándote en tu propio conocimiento de TI y TUS necesidades para que puedas vivir en buena relación con TODO.

¿Y si no sangras?

¿Y si no tienes ya menstruación o tienes reglas irregulares porque estás en la perimenopausia o por cualquier otra razón? Sea cual sea tu realidad de estos momentos dentro del delicioso espectro de ser humana, sea cual sea el punto en el que te encuentres en tu ciclo de experiencia de vida, la constante a la que tantas sacerdotisas del templo antes que nosotras apelaron y dedicaron rituales e intensa atención fue la luna.

Así que, si recibir y nutrirte de esta Fuente de energía cíclica es para ti algo nuevo, o no tienes ciclo menstrual, ¿mi consejo? Sintoniza con la luna. En cada ciclo lunar, tenemos la oportunidad de crecer y menguar conectadas con su fluencia rítmica y amplificar los mensajes y el aprendizaje de cada fase. Te aseguro que es toda una experiencia, inmensamente bella y fortalecedora; tanto es así que actualmente es lo ÚNICO en lo que puedo confiar. Por eso te hablo de ello, de esta revelación no lineal, que no puede enseñarse y a la que puedes apelar como punto de apoyo para TU exploración cíclica.

Contradicciones e incoherencias

Las energías que emanan de los distintos ciclos presentes en cada momento pueden resultarnos contradictorias; de hecho, te ocurrirá. Y esto crea confusión y hará que te preguntes: «Y ahora... ¿de cuál de los ciclos debería fiarme?».

Por ejemplo, hubo un periodo de seis años en el que tenía la menstruación invariablemente en luna llena. Esto significa que, por un lado, mi cuerpo tenía necesidad de frenar, descansar, desprenderse y regenerarse, y por otro, la luna estaba en su plenitud y me animaba a salir y relacionarme en el mundo. Era una sensación como... ¿Conoces el juego de la soga? Pues eso: mi paisaje interior y el paisaje exterior tirando de mí al mismo tiempo en direcciones opuestas.

Así que me entró la curiosidad y me paré a observar el juego de fuerzas para ver si descubría algo. El resultado –más allá del puto fastidio que era al principio vivir con esa sensación– fue que desarrollé una fortaleza y una capacidad de adaptación inmensas: descubrí que era capaz de metamorfosearme y pasar rápidamente de mi paisaje interior al paisaje exterior y viceversa, capacidad que no habría descubierto si no hubiera observado con atención (y situado luego en el mapa global de ciclos) cada detalle del paisaje de ELLA.

NOTA: A ver, este es el reino de la magia femenina, y el reto es asumir plenamente nuestro poder, así que el camino probablemente no será siempre alegre y nunca podrás decir aquello de «esto lo hago con los ojos cerrados». (De eso se trata). Pero cuenta con que, mientras te abres camino a través de la incertidumbre y el caos de Estos Tiempos, el paisaje de ELLA crea en ti el espacio de gracia en el que puedas fortalecerte, comprender, reparar y practicar la compasión.

Para todo hay una estación (y una razón)

Lo mismo que las estaciones cambian y la luna crece y mengua, cambian, crecen y menguan nuestros estados de ánimo, nuestra creatividad, nuestro nivel de energía, nuestro apetito, nuestras necesidades sexuales..., todas las cosas. Recuerda y reconoce que el tiempo NO es lineal, y que por tanto es posible que, a nivel creativo, emocional, físico y espiritual, a veces estemos en el inicio de un ciclo, en la mitad de otro y al final de otro en un mismo instante, todo al mismo tiempo.

Por ejemplo, cuando descubres que estás embarazada, comienzas un nuevo ciclo centrado en el crecimiento y el nacimiento de tu bebé. O cuando llegas a la menopausia, empiezas un nuevo ciclo enfocado en descubrir tu lugar de poder. O cuando te separas de tu pareja y estás de repente sola, lo cual ya ni recordabas lo que era, te mudas de casa y quizá cambias de trabajo, y empiezas así un nuevo ciclo con una manera distinta de enfocar la vida. O un trillón de versiones diferentes de lo que sucede cuando termina un ciclo del ser y comienza uno nuevo, y de cómo, en cualquier momento dado, estos comienzos y finales se superponen.

Por eso NO hay fórmula.

No es una fórmula

Cuando empezamos a percibir con claridad nuestros ciclos y ritmos y a vivir en sintonía con ellos, desbaratamos los sistemas y estructuras que intentan hacernos creer que somos máquinas obligadas a producir y a estar siempre en funcionamiento, disponibles y accesibles para todos y para todo hasta la extenuación. La llamada que sentimos a reclamar nuestro poder es una llamada a recordar nuestra magia. A alimentarnos de la energía que emana de nuestro propio ritmo de vida y nuestra naturaleza cíclica.

Pero esto NO es una fórmula. Repito: NO es una fórmula. (Aunque no podría estar más cerca de serlo). Es una práctica, un proceso, una forma de arte que es fiel reproducción de la naturaleza y, por tanto, SABE que no hay plazos, listas de tareas pendientes ni objetivos que alcanzar, que lo que en verdad hay son periodos de crecimiento, transición, acción, gestación, floración, muda, muerte, quietud y renacer.

Cuando SABEMOS dónde estamos y qué tenemos a nuestra disposición en cada espacio, lugar, tiempo y fase, sabemos que, para cada estación, hay una razón; sabemos con qué podemos trabajar y cómo aprovechar al máximo su energía; sabemos qué puede complicarnos un poco la vida, lo cual significa que tenemos que echar en ese momento raíces fuertes, estar más erguidas, ser más adaptables, y sabemos también qué nos dará el apoyo que necesitamos para mostrarnos al mundo tal y como somos. Sin complejos ni disculpas.

Ciclos circunscritos
a ciclos,
superpuestos a ciclos,
dentro de ciclos.

Esta es la inteligencia
rítmica de
TODAS las cosas.

El vórtice de Venus

No sé si lo he mencionado, *ejem*, pero soy una gran entusiasta de la exploración de los ciclos y alineaciones cósmicas y astrológicas y su influencia en el cuerpo. También he mencionado que mi linaje matrilineal, gitano/viajero, era y es una larga lista de «lectoras del cielo», lo que básicamente significa que no tenemos interés por los ángulos y grados que habitualmente utiliza la astrología, sino que «sentimos» los planetas y las constelaciones. Captamos sus correspondencias con las estaciones del año, las plantas medicinales, las partes del cuerpo y la naturaleza, y leemos literalmente, *a través de* nuestro cuerpo, lo que el cielo está contando.

Así que, para mí, encarnar los planetas, las estrellas y su sabiduría es MUCHO más valioso que aprender el complejo lenguaje de la astrología (algo que he hecho, hago y continuaré haciendo, pero, en general, me gusta más a mi manera. ¡Ja!).

La emperatriz

Desde que murió mi madre, la búsqueda de Ma, la Gran Mamá, como fuente de energía primordial en mi propia vida me ha llevado a una comunión más íntima con el arquetipo de la emperatriz. Te cuento esto porque la carta de la Emperatriz en el tarot está regida por el planeta Venus, y Venus como emperatriz es fuente de fiera medicina femenina. Sus vínculos con María Magdalena, la rosa silvestre y los templos egipcios de Isis, y Hathor antes que ella, me han llevado a algunas de las más salvajes aventuras.

Estar atenta a los ciclos de Venus, en alineación con mi propio ciclo de Venus (en alineación con los ciclos de TODAS las cosas), me ha hecho ver supercharo que gran parte de nuestro trabajo como mujeres en esta vida es re-visar (es decir, ver *de nuevo*) y re-escribir Su historia a través de NUESTRO cuerpo y NUESTRA experiencia.

La emperatriz es una madre, pero no necesariamente una mamá que ha parido bebés.

Es una líder, pero no en el sentido del viejo paradigma patriarcal.

Es enérgica, poderosa e inmensamente bella, pero no en un sentido convencional.

«Conocí» íntimamente a la emperatriz durante los preparativos para un retiro que me habían pedido que organizara. Como cada vez que me he encontrado en esa misma situación, el título me llegó con claridad: lo vi con transparencia en el ojo de la mente. ¡Pero el puto contenido, no!, daba igual lo amables que fueran mis súplicas ni cuánto me esforzara por ingeniar en qué podía consistir. ¿El título? «Los códigos de La emperatriz». Como el tarot está repleto de minuciosa información y simbología arquetípicas, eché mano de la carta de la Emperatriz. Pero ni siquiera en mis barajas de tarot favoritas tenía esa carta la autoridad y el poder de la emperatriz a la que yo evocaba *a través de* mi cuerpo. Que era:

Una mujer LLENA DE PODER.

Atrevida.

Fuerte.

Pujante.

Completa.

No de una forma acorazada, del tipo *voy-a-hacerme-la-invencible-para-que-nadie-note-que-me-estoy-desmoronando-por dentro*, sino de la forma en que solo puede serlo una mujer que SE CONOCE a sí misma y que se siente a sí misma EN ese conocimiento. Era Cleopatra, Lizzo Y la Reina de Saba. Así que la dibujé. (Dibujando y coloreando, directamente desde el corazón, es como empecé a encontrarle sentido a todo. Siempre he tenido pasión por la creación artística, y la mantuve en secreto hasta que murió mi madre. Después de su muerte, dejé salir a la osada garabateadora que tenía escondida para que canalizara toda mi experiencia de ELLA a través de los rotuladores y lápices de colores. Puedes ver la carta de la Emperatriz terminada en la baraja *SHE Sirens Oracle* [ELLA: Oráculo de sirenas]. Y sí, puedes estar segura de que mientras escribo este libro voy recogiendo las «visiones» que se me presentan para una futura baraja de *La magia está en ti.* Qué ganas de compartirla contigo). Y gracias a *mi* versión de la empera-triz, el contenido del taller se me reveló con claridad.

La emperatriz es el camino
de vuelta a nuestro poder.

La emperatriz suele representar el embarazo y el nacimiento. Ahora bien, no tienen por qué ser la gestación y el alumbramiento de un bebé, aunque indudablemente puede significar eso. Más a menudo, sin embargo, como la creadora arquetípica, se refiere a nuestro potencial para crear y dar a luz CUALQUIER COSA.

En aquel solsticio, durante aquel solsticio, con las maravillosas muje-res que habían escuchado su canto de sirena y estaban allí reunidas conmi-go, empecé a dar a luz más y más de la mujer que estaba empezando a ser.

La emperatriz.

Mi propia mamá.

Una mujer que es fecunda, tierra fértil.

Una mujer que está EN su cuerpo y confía en sí misma como su propio espacio seguro.

Solo que me asusté. Porque SER la emperatriz es dar a luz una posibi-lidad completamente nueva, y, para hacerlo, tienes que morir DE VERDAD a todo lo que eras antes. A todas las ideas de quién crees que deberías ser. A lo que los demás esperan de ti.

Todos los viejos relatos, todas las viejas creencias, mi relación con mi cuerpo, con mi madre, mi relación con ser madre, el duelo, la muerte –toda la muerte–, el sentimiento de abandono, de no ser digna de amor, y lo que esos relatos y creencias habían hecho de mí se volvieron todos de repente MÁS importantes que aquella en quien me iba a convertir.

Pero este ciclo en particular estaba ya en marcha y, años después, sigo convirtiéndome en ella. Perpetuamente convirtiéndome en ella.

Convirtiéndome en mi propio espacio seguro.

Convirtiéndome en mi propia madre.

En mi propia fuente de energía.

En mi propia fuerza. (Para la bondad, para el placer sensual, para LO AUTÉNTICAMENTE BUENO).

Así es como Venus y sus ciclos se convirtieron en LO MÍO.

El ciclo de Venus

¿Sabes lo que pasa?, que posiblemente la palabra *Venus* evoque en ti la imagen de la diosa de la belleza y el amor en la mitología griega y romana, o la imagen de un planeta visible en el cielo nocturno, o la imagen de una antigua estatuilla o relieve de la forma femenina, como la Venus de Willendorf o la Venus de Laussel. Pero Venus es mucho más que eso. MUCHO. MUCHO. MÁS.

Con solo mirar la deliciosa danza en la que participan Venus, la Tierra y el Sol para crear la geometría sagrada tanto de un pentagrama estrellado como de una rosa silvestre, es evidente que Venus entraña una asombrosa y potente Sabiduría Divina Femenina.

Su símbolo astrológico, al que a menudo se le da el nombre de «espejo», es una llave para desvelar sus susurros y sus misterios dentro de ti. Si te apetece, dibújalo y póntelo en la pared, o pégalo en la portada de tu diario, o tatúatelo con un rotulador Sharpie, o colócalo en tu altar, y conecta con él a diario.

El símbolo de Venus

Acoplamientos cósmicos

En cada ciclo de Venus, que dura aproximadamente diecinueve meses, trabajo con mujeres del Colectivo SHE Power (el Poder de ELLA) –una comunidad que funciona a través de Internet ¡y a la que por supuesto estás invitada! (www.thesassyshe.com/shepowercollective)– para conectar con Venus en su encuentro mensual con la luna. En cada ciclo lunar, Venus y la luna se encuentran en lo que algunos llaman un «portal», otros un «beso» y otros una «puerta»; yo personalmente lo llamo «acoplamiento cósmico».

Si la luna nueva y la luna llena nos conectan con «lo femenino lunar» y nos anclan en nuestras emociones, en nuestro inconsciente y nuestro condicionamiento, los acoplamientos cósmicos entre la luna y Venus, durante el movimiento lunar de traslación alrededor del sol, nos conectan con las frecuencias evolutivas de lo que la astróloga Sasha Rose llama «lo femenino solar» y nos ofrecen un mapa cíclico más por el que orientar nuestro mes.

Búsqueda de ELLA

Si, como yo, tienes curiosidad por conocer los detalles de este portal venusino, te interesará saber que Venus nos ofrece un ritmo cíclico para revelar los misterios del viaje iniciático de ascenso y descenso de Venus, o Inanna.

Lo mismo que la diosa sumeria Inanna, a la que se conoce también por muchos otros nombres y como símbolo de cosas muy diversas, incluido el amor Y la guerra, Venus nos hace emprender un viaje chamánico, una búsqueda de ELLA. Durante el descenso de Venus como lucero del alba, que dura siete meses, cada acoplamiento cósmico −el momento de cada mes en el que Venus y la luna están en conjunción− representa un descenso HACIA EL INTERIOR del cuerpo, desde el chakra corona hasta el chakra raíz. Si estás dispuesta.

Cada acoplamiento cósmico marca la llegada al siguiente chakra en orden descendente, lo que nos hace ir profundizando mes a mes EN nuestro cuerpo y nos da la oportunidad para despojarnos de cualquier cosa que no sea la expresión más verdadera de nosotras mismas en relación con lo que represente ese determinado chakra. Para que cuando Venus se desplace hacia la conjunción con el sol (lo que significa que deja de verse en el cielo durante aproximadamente cuarenta días..., ummm, ¿dónde hemos oído ESTO antes?),* llegues al «subsuelo metamórfico», en la raíz de tu ser, y «mueras» ahí a Lo Que Fue Antes y a todo lo que pensabas que eras. Para que puedas re-membrar y re-nacer más sabia y enraizada EN tu poder.

Porque, al igual que Venus cuando cae bajo la línea del horizonte como lucero del alba para renacer como lucero vespertino, al igual que la luna mengua hasta desaparecer en la oscuridad y reaparece unos días más tarde en fase creciente, al igual que tú, si tienes ciclo menstrual, pasas

---

* N. de la T.: Alusión al número cuarenta, que en la Biblia se repite numerosas veces como símbolo de «cambio» y un nuevo comienzo. Como los cuarenta días que pasó Jesús en el desierto preparándose para un cambio de la vida privada a la pública o los cuarenta años del pueblo de Israel en el desierto preparándose para la libertad.

de la premenstruación a la oscuridad de la menstruación para poder renacer, lista para que un nuevo ciclo se desarrolle nuevamente desde el
comienzo, Venus tiene integrados periodos de «muerte», un tiempo de
descanso para procesar, y aquí es donde tienes acceso a lo que DE VER-
DAD importa.

Descenso a la oscuridad

En el relato más conocido de la historia de Inanna, se cuenta que desciende
al mundo subterráneo, donde se encuentra con su hermana Ereshkigal, reina del inframundo. Cuando hacemos el viaje acompañando a Inanna, esta
es nuestra entrada en el vacío.

Es aquí, en las profundidades del caldero cósmico, donde podemos
encontrarnos con la cara oculta de lo femenino. Pasar esos cuarenta y tantos días durante los que Venus ya no se ve en el cielo adentrándonos en los
bosques profundos y oscuros, despojadas de todo lo que creíamos ser, para
recuperar nuestras partes desmembradas. Penetrando en los oscuros lugares en los que tantas partes de nosotras se exiliaron, en los espacios donde
tuvieron que esconderse, suprimidas y reprimidas... Nuestro mordisco a la
manzana. Nuestro poder. Nuestro coraje. Nuestro conocimiento. El recuerdo de que la oscuridad es de donde tú, yo y cada una de nosotras venimos.

Por lo que MÁS me gusta el mapa cíclico de Venus es porque somos
tantas las que rehuimos la oscuridad; preferimos quedarnos en la cara de
la luz, hacer con los dedos el signo de la paz y gritar: «¡Eh, aquí solo vibras
positivas!». Estupendo, pero todo eso va a durar hasta que una situación o
un hecho inesperado te hagan tambalearte y derrumbarte entera, y cuando
eso pase, no estarás preparada –ni física, ni mental, ni emocional, ni espiritualmente– para abrirte camino en la oscuridad.

Este mapa cíclico es un viaje que podemos *elegir* si emprender o no.
Emprenderlo significa desprenderte conscientemente, como la serpiente,
de lo que ya no te sirve. Liberarte de todas las cosas que «piensas» que necesitas pero que en realidad te están coartando, todas las razones que te
hacen resistirte a la vida, vivir en lucha.

Significa poner los pies sobre las huellas de Inanna y entrar con ella
en la oscuridad del subsuelo y rendirte. Aunque la leyenda cuenta que
Ereshkigal cuelga a su hermana de un gancho de carnicería, tengo una

buena noticia: NO tiene por qué ser así; puedes dedicar esos cuarenta días que pases en el vacío del útero cósmico a conocerte en la oscuridad.

¿Quién ERES como la cara femenina oscura?

Este es el espacio donde remembrar todas las partes de mí de las que he renegado para ser simpática, agradable y «buena». En una etapa u otra de mi vida, desterré a la oscuridad mi rabia, mi magia, mi misticismo, mi pasión, mi expresión más real y verdadera para ser una chica simpática y que me aceptaran.

No hables de ESO, van a pensar que estás mal de la cabeza.

No hagas ESO, van a decir que siempre tienes que dar la nota.

No des tu opinión, porque te van a juzgar.

Y cuando AL FIN me encontré de cara con la cara femenina oscura que hay en mí –y no hablo de *la sombra*, me refiero simplemente a lo opuesto a la luz: la oscuridad, lo que es necesario, de hecho imprescindible, para estar completas–, me exigió que la reintegrara y reverenciara.

Para poder honrar mi rabia como expresión sagrada y santa.

Para no tener ya miedo a la muerte.

Para saber que en la oscuridad, el caos y lo desconocido mudo la piel y maduro. Menstrúo. Me fortalezco.

Y a continuación, lo mismo que el día sigue a la noche, comienza el viaje de retorno a la luz. Ascendemos por el interior del cuerpo, deteniéndonos en cada uno de los siete chakras, desde la raíz hasta la corona, y en él recuperamos, honramos y reverenciamos, al unísono con cada acoplamiento cósmico mensual entre la luna y Venus, lo que nos fue revelado en la oscuridad.

Y como le ocurrió a Inanna en la leyenda, descubrirás que no regresas del mundo subterráneo irradiando amor dulzón y palabras bonitas. No, nos pasa como a Venus cuando vuelve a ser el lucero del alba y se dice que es el «portador de la luz»: la luz con la que llegamos de vuelta, después de la transmutación alquímica en el subsuelo, es una VERDAD desnuda y sin filtros. (¡Imagina si fuéramos todas capaces de crear y compartir desde ESE lugar!).

Mi viaje con Venus e Inanna comenzó en la oscuridad que siguió a la muerte de mi madre. En el viaje de toda heroína, rara vez el descenso que sigue a la pérdida de poder y seguridad es un acto voluntario, y en mi caso tampoco lo fue; de hecho, en ESTE camino en particular el descenso suele ser fulminante cuando alguien a quien la viajera ama le es arrebatado. El ciclo de Venus, en cambio, nos ofrece la oportunidad de *elegir* si queremos o no entrar en él. Así, cuando nos encontremos en la oscuridad, como inevitablemente *ocurrirá*, lo SABREMOS.

Sabremos quién somos ahí.

Y no nos dará miedo.

Porque sabremos lo que es posible ahí Y sabremos también que podemos volver (y volveremos) a ver la luz.

NOTA: Si te interesa profundizar en el mito de Inanna, te recomiendo que empieces por leer *Inanna, reina del Cielo y de la Tierra*, de Diane Wolkstein... ¡TAN BUENO!

¿Mi frase favorita?: «Regocijada por la visión de su maravillosa vulva, la joven Inanna se aplaudió». ME ENCANTA.

Y antes de continuar, quiero que conozcas a otra mujer poderosa.

Te presento a Enheduanna*

Enheduanna, o Endereina, fue una suma sacerdotisa acadia a la que se considera (y al escribirlo ahora, siento un revoloteo dentro) la más antigua escritora y poeta de nombre conocido. ¿Y qué escribió? Encantamientos, oraciones, relatos y cantos. Suspiro. Su composición más famosa, «Nin Me Sara», es un himno a la diosa Inanna. Lo escribió en el exilio y, gracias a él, se ganaron guerras y finalmente Enheduanna fue liberada del exilio. ESO sí que es «el poder de la palabra», queridas brujas.

---

* N. de la T.: En su libro Los hijos de los días, Eduardo Galeano dice:
   Enheduanna [(2285 - 2250 a. C.), "adorno del cielo"] vivió en el reino donde se inventó la escritura, ahora llamado Irak,
   y ella fue la primera escritora, la primera mujer que firmó sus palabras,
   y fue también la primera mujer que dictó leyes,
   y fue astrónoma, sabia en estrellas,
   y sufrió pena de exilio,
   y escribiendo cantó a la diosa Inanna, la luna, su protectora, y celebró la dicha de escribir, que es una fiesta, como alumbrar, dar nacimiento, concebir el mundo.

Enheduanna escribió montones de himnos a Inanna, la Divinidad Femenina, en celebración de su relación con ella. Estoy obsesionada con esta mujer, y te la presento porque, a través de su relación con Inanna, fortaleció su relación consigo misma, con la mujer que era, y con los principios que encarnaba y en lo que creía.

Así que te invito a que, como hizo Enheduanna, compongas un devocionario a Venus/Inanna. A través de *mi* devoción a Ella, del descenso y el ascenso, del desprenderme y renovarme, es como soy capaz de reconocerme en mí Su misma cualidad sagrada digna de devoción. Eso es lo que más te deseo a ti también.

INVITACIÓN:
DEVOCIONARIO VENUSINO

Te invito a que, al más puro estilo de las sacerdotisas del templo, enciendas una vela, rocíes a tu alrededor el perfume que más te guste o eches unas gotas de tu aceite esencial favorito en el difusor o enciendas una barrita de incienso, pongas una canción sensual, la que prefieras, y dejes que tu cuerpo se mueva, suavemente (balanceándote, moviendo las caderas) y, mientras lo haces, rastrees tus sensaciones, rastrees tu placer.

✷ *Busca el placer. Sigue el rastro del placer mientras mueves el cuerpo.*

✷ *Cuando termine la canción, imagina que estás en un templo sagrado, visualízalo, siente que estás en él, vive en tu cuerpo la experiencia.*

✷ *Ponte una mano en el espacio del corazón e imagina que lo que hay debajo de la palma es una esmeralda reluciente. Dirige la atención a este lugar y este espacio.*

✷ *Retira la mano, toma un bolígrafo, mira desde y a través de tu corazón de esmeralda y escríbele a ELLA, a Inanna, a Venus, a ti en tu espacio más sagrado, a través de la lente del corazón. Escríbele una canción de amor, un conjuro, un poema a ELLA. A la parte más divina y sagrada de TI.*

El mejor día para hacer esta práctica es un viernes porque es el día de Venus. También puedes dedicar el viernes a celebrarte a TI y expresarte devoción. Cómprate flores, échate unas gotas de tu perfume más sagrado, déjate envolver por el aroma de tu aceite esencial favorito, ponte la ropa con la que más guapa te sientas..., prodígate el amor más delicioso. Adórate como adorarías a la Divinidad.

...

La devoción antes que
la disciplina.
(Cada día, cada
minuto, cada segundo).

Descubre tu vibración
y tu ritmo

En cada lugar y espacio, dentro de cada experiencia cíclica y ritmo de vida, tienes acceso a percepciones, códigos y sabiduría que *pueden* ayudarte y te *ayudarán* a dar «sentido» a tu experiencia, a comprenderla con claridad y, en definitiva, a vivirla en toda su plenitud.

Es un proceso autorrevelador. Que se autoalimenta. Que se autorrea-viva. Que es **tu magia para ti misma**.

Rastrear y cartografiar los ciclos –alineando y sincronizando sus respectivos ritmos con nuestra vida, y creando y alimentando así una relación íntima y viva con la energía primordial que en ellos se revela (una relación que tiene también en cuenta las complejidades y matices de nuestra vida cotidiana)– es una práctica que penetra debajo de la piel, debajo de la percepción consciente, y crea una dimensión de profundidad.

Crea en el alma una profunda remembranza de que nuestra antigua inteligencia cíclica y rítmica es magia primigenia para Estos Tiempos.

No constante, sino cíclica

Sí, la experiencia cíclica ofrece ritmos que apoyan, sostienen, alimentan y proporcionan una increíble oportunidad para que te alinees y vivas en sincronía con ellos. Para fluir. Para ser TU fluencia. Saber que TODO tiene una estación (y una razón), y que estos ritmos están interrelacionados unos con otros y se influyen y alimentan mutuamente, te da la posibilidad de cultivar una relación de fiero amor contigo misma, con tu magia y tu poder, una relación que nunca deja de evolucionar.

Empiezas a captar las señales de tu cuerpo (incluso las más sutiles); eres capaz de reconocer que el dolor y el malestar son mensajeros de algo que está sucediendo a un nivel más profundo, y te vuelves más receptiva a tus necesidades físicas, emocionales y espirituales.

Cuando sabes por qué haces las· cosas que haces, por qué actúas de determinada manera en ciertos momentos del mes o del año, que hay una estación para tu razón, empiezas a respirar un poco más tranquila.

Eres menos inflexible contigo, te curas —física, emocional y psicológicamente—, recuperas el poder, la soberanía y la autoridad sobre tu cuerpo y tu experiencia de la vida, y a pesar de lo que quizá te hayan dicho en el pasado, te das cuenta de que no estás loca. Te das cuenta de que *no* eres constante, tampoco: eres cíclica; tienes un ritmo, una vibración, una frecuencia y una canción que son tuyas y solo tuyas. Y eso es BUENO.

RIFF DE ELLA — VIVE TU RITMO

Con los pies firmemente enraizados en Mamá Tierra, respira hondo, afloja cualquier contracción y tirantez que sientas en el cuerpo en este momento y ábrete a la posibilidad de la expansión.

Ábrete a la posibilidad de que tienes a tu disposición mucho más de lo que sabes. (Solo que SÍ lo sabes).

Ábrete a la posibilidad de que las cosas estén sucediendo EXACTAMENTE como deben.

Ábrete a la posibilidad de que la vida esté trabajando a tu favor.

Ábrete a la posibilidad de que estés siendo cocreadora
de tu realidad, en conjunción con el cosmos.

Quizá no sientas que es así, y lo entiendo;
lo único que te pido es que te permitas
estar abierta a esa posibilidad.

¿Eres capaz? ¿Eres capaz de estar aquí,
en el momento presente?

¿Eres capaz de ver también que formas parte de algo
MUCHO mayor? Como es arriba, es abajo.

Cada vez que recuerdes y reconozcas que tienes los
pies firmemente enraizados en Mamá Tierra en el presente
Y que tienes acceso a todo lo que ha sido y a todo
lo que está por venir, SABRÁS, tu profunda gnosis
interior sabrá, que apresurarte, hacer, reaccionar
NO es lo que se requiere en este momento.

El mundo necesita que tu pulso creativo y
tu respuesta estén en colaboración con
los ciclos y los ritmos del cosmos.

La Tierra y las estrellas juntas, fundidas,
en cada una de tus células.

Tienes el poder de elegir (siempre)

Suéltate de las ideas, los planes y las estructuras a las que tu yo humana siente la necesidad de aferrarse con fuerza para justificar su existencia en la Tierra. Cuando lo hagas, respirarás un poco más hondo, aflojarás los dedos con los que intentas sujetar esa realidad concreta y recordarás que tienes el poder de elegir.

Elige dejar que el recipiente cíclico que eres inicie, innove, aumente e intensifique en ti la capacidad para ser una auténtica maga.

Porque entonces, cobra vida una nueva posibilidad, de innovación, en la que TÚ inicias y cocreas la realidad. Lo cual excluye tu experiencia humana. *No* estás rehuyendo nada; no estás haciéndote un *selfie* con la mano levantada y el signo de la paz, aunque por supuesto puedes hacerlo (a tu manera, ¿recuerdas?); estás reconociendo tu condición humana Y estás reconociendo tus ritmos cíclicos y tu magia. Creas y respondes, y es medicina para ti y para todas.

Choca esos cinco e inclínate profundamente ante ESO.

Cuando las mujeres tocaban los tambores

El cielo y sus estrellas te dedican su música.
El sol y la luna te alaban.
Los dioses te exaltan.
Las diosas te cantan.

Estas palabras están inscritas en una pared del templo egipcio de Hathor en Dendera, y al lado hay una imagen de una de mis deidades favoritas, Hathor, la diosa egipcia del amor de madre –ELLA, que representa a las mujeres, la fertilidad, el placer, la danza y las artes–, tocando un tambor de marco.

Como dijo tan maravillosamente la difunta Layne Redmond, percusionista, autora de *When the Drummers Were Women* [Cuando quienes tocaban los tambores eran las mujeres] y una de mis increíbles maestras: «En el mundo antiguo, desde Turquía hasta el Mediterráneo, en Egipto y en el Oriente Próximo, el tambor lo tocaban las mujeres». Estas percusionistas eran sacerdotisas de la Muerte y la Creación: estaban al servicio de Ma.

En muchas tradiciones y culturas, las mujeres llevaban el pelo suelto y alborotado y tocaban el tambor. Tocaban el tambor en celebraciones, en ceremonias y rituales, Y tocaban el tambor (acompañándolo con lamentos y gemidos) con la intención de despertar a las almas de los muertos para su viaje al inframundo. (Los tambores despertaban también las almas de los vivos para ayudarlos a integrar el duelo como comunidad).

Muchos de los tambores que tocaban las sacerdotisas del templo tenían pintado en el centro un punto, un *bindu*: símbolo de la energía del universo compactada y no manifestada aún antes del primer sonido. Otros estaban pintados de color rojo sangre. Teniendo en cuenta que el primer sonido que oímos en el vientre es el de la sangre de nuestra madre pulsando en sus venas, pintar de rojo un tambor, o ponerle un *bindu* en el centro, representaba *todo* –la pura potencialidad– antes de que cobre existencia.

El acto sagrado de una sacerdotisa o cualquier otra mujer tocando el tambor, ya sea suavemente con los dedos o aporreándolo, es un símbolo de la mujer como creadora del universo.

Un golpe de tambor y TODO cobra existencia.

INVITACIÓN:
TU RITMO, TUS REGLAS

Lee las palabras que aparecen a continuación en negrita:

¿Recuerdas el tiempo en el que las mujeres tocaban los tambores, el tiempo en el que el tambor era un instrumento ritual? ¿Recuerdas cuando se utilizaba para celebrar la vida, para acompañar a quienes morían y su proceso de muerte, y para alentar el renacer, la regeneración y la creación en todas sus formas?

¿Recuerdas el tiempo en el que el ritmo del tambor representaba la inteligencia rítmica contenida en el cuerpo de la mujer y era una celebración de ella como Creadora, como Fuente de energía primordial, como Maga? (No te sorprende lo más mínimo, ¿verdad?, que se prohibiera esto de que las mujeres tocaran el tambor como parte de la vida espiritual y religiosa, ¿a que no?).

Ahora, si quieres, cierra los ojos, inhala hasta lo más profundo de tu vientre y, al exhalar, deja que la atención descienda a tu corazón, a tu vientre y finalmente a tu cuenco pélvico. Con cada inhalación y exhalación, deja que tu cuerpo se siga relajando y escucha el ritmo del tambor. Es muy antiguo. Lo conoces. Siéntelo con todos los sentidos y percíbete a ti misma en esta visión.

LA MAGIA ERES TÚ

¿Dónde estás? ¿Cómo es estar ahí?

Llevo años sumergiéndome en esta transmisión energética. Esta transmisión en la que las líneas maternas ancestrales, de todas las diferentes culturas y tradiciones, se reúnen en la maestría del misterio y el tambor: para ayudar en el duelo, honrar a los muertos, celebrar la vida y hacer el trabajo de esta vida, reparando y regenerando la feminidad, la frecuencia Ma en la humanidad ENTERA.
Te invito por tanto a que vengas y te unas a mí en el «tiempo de ensueño» de esto. Mi mayor esperanza es que «hagamos que cobre vida» y sea una experiencia en tiempo real donde toquemos el tambor y cantemos TODAS juntas, con nuestras antepasadas y nuestras descendientes futuras, aquí en tiempo presente y a través de líneas de tiempo y paradigmas, cocreando Lo Que Viene Después.

...

Sigue el ritmo de *tu* tambor

En la actualidad, hay universos enteros que yacen no manifestados, latentes, en tu ser. Por tanto, ¿qué se está moviendo a través de TI que necesita ser creado? ¿Qué está suplicando que lo hagas realidad? Una vez que recuerdas que eres una maga que puede hacer que cobre existencia cualquier cosa, la que sea, cuando te sintonizas con el ritmo de TU tambor –TU gran corazón palpitante, TU frecuencia tuya y solo tuya, TU ritmo y TU fluencia– ya no necesitas seguir a nadie.

Es más fácil emprender la acción porque TÚ marcas el ritmo.

Tu ritmo, tus reglas.

Tú, sin toda la falsedad de la programación.

Tú, conectada con tu pasión, tu creatividad, tu coraje, tu confianza y tu capacidad de amar.

Tú, con tu intuición, tus sentidos y tu visión interior activados y en modo de sensibilidad acrecentada.

Tú, conectada a la fuente de la propia vida.

Sí, eres una vibración, y tu frecuencia es tu canto de sirena, y tu canto de sirena es energía primordial Divina HECHA REALIDAD.

ELLA: a golpe de tambor

Muchas veces tengo sueños y visiones sublimes de mi vida en el templo de Hathor, tocando el tambor, bailando y haciendo sonar un sistro, así que no es de extrañar que sea percusionista en *esta* vida también. Cuando se es de ascendencia gitana/viajera itinerante, es difícil escapar del ritmo de un tambor o del cascabeleo de una pandereta. Mis tíos solían tocar el tambor de marco en los *pubs* los domingos por la noche, y yo, después de una limonada y un paquete de patatas fritas, me ponía a dar vueltas y vueltas y bailaba hasta marearme.

Cuando tenía once años, tocaba el tambor redoblante en una banda de música (¡YA!). Ahora toco la pandereta, el sistro y el tambor de marco en rituales y ceremonias, en espacios sagrados, para purificar el ambiente, para manifestar sueños, para hacer viajes chamánicos (y no te voy a mentir, también es algo que sienta MUY bien cuando estás furiosa y necesitas liberar un montón de frustración, aporrear un tambor hasta que te duelen las manos, ¡GRRR!).

Así es como me mantengo conectada en mi cuerpo a mi propia inteligencia rítmica y como me conecto con la naturaleza rítmica de Mamá Naturaleza, la luna y el cosmos.

No necesitas un tambor para recordar que tu inteligencia rítmica es una fuerza creativa, un poder que puede iniciar, innovar, sanar y transformar, pero los tambores SON una herramienta medicinal increíble. (Puedes venir a hacer uno con el Vikingo y conmigo. Organizamos talleres en los que hacemos tambores de marco sagrados. Echa un vistazo si quieres en www. thesassyshe.com/shebangs. ¡MUY poderosos!)

Nuestros ritmos y nuestra conexión con los ritmos de la naturaleza y el cosmos son una FIERA energía primordial para navegar Estos Tiempos.

He descubierto que cuanto más sintonizo con mis ciclos y la sabiduría que entrañan a través del golpe de tambor que es mi latido esencial, menos necesidad tengo de «seguir» a nadie, de competir ni compararme con los demás. Sí, claro, es difícil oír nuestro latido esencial en medio de tanto puto ruido, pero ES posible, y cuanto más espacio abres en ti para escuchar, menos sitio queda para que el mensaje social del miedo pueda arraigar en ti. Es un hecho.

Para tu información: a ver, NO es algo que tenga totalmente resuelto. Lleva su tiempo. He tenido que aprender, y sigo aprendiendo TODOS LOS DÍAS, a inclinarme hacia la confianza en la vida y la fe en mí. La confianza en que hacer las cosas al ritmo de mi tambor, de mi canto de sirena, y *no* al ritmo al que veo moverse todo y a todos a mi alrededor, dará sus frutos.

En definitiva, solo sé que, a base de fundirme una y otra vez con Mamá Naturaleza, y de reconectarme con la inteligencia cíclica y rítmica de todas las cosas, va creciendo en mí la confianza al son de MI tambor. De mi frecuencia de verdad, mía, esencial. Y es lo que te deseo también a ti.

El sonido de tu tambor

¿Qué sientes cuando te digo que cada una tenemos nuestro propio ritmo? ¿Eres capaz de confiar en que es así: un ritmo propio que, como la luna, las estaciones y las mareas, fluye y refluye y nos guía en la dirección correcta?

Cabe la posibilidad, claro –teniendo en cuenta que estás aquí, en este caldero de alquimia–, de que sientas que tu ritmo va en contra de la corriente de los demás, y ¡con cuánta ansia queremos ser como los demás, ¿verdad?! (Estate muy atenta a las mil voces con que TODAVÍA intenta atraparte la tendencia antigua a querer ser la «niña buena» y recuérdale una vez más que aquí NO hay sitio para ella).

Cuando escuches tu propio ritmo y confíes en el, el ritmo que es tuyo, esencial, único, empezarás a darte cuenta de que todo ocurre exactamente como ha de ocurrir. Esto no significa que deberías sentarte cómodamente y dejar que la vida *te* suceda, sino que, cuando confías en tu propio ritmo, la vida empieza a ser una colaboración: sabes cuándo crear, descansar, alimentarte, estar activa, consciente de que tu ritmo tal vez no esté sincronizado con el de los demás. Y confías también en que no pasa NADA si es así.

SUGERENCIA PARA TU DIARIO

¿Cómo suena tu tambor? ¿Cuál es su ritmo? ¿Es lento y sensual, un sonido envolvente e intenso? ¿O es grácil y ligero y te da ganas de ponerte un tutú y hacer piruetas? ¿Tal vez es un ritmo errático y ruidoso que te exige que muevas el culo?

Ten en cuenta que el ritmo puede ser diferente en cada fase de la luna y en cada momento, porque las diversas estaciones, fases y etapas de la vida pueden dictar un son distinto. Así que dedica un poco de tiempo cada mañana a respirar profundamente, mover el cuerpo y notar tu frecuencia y tu ritmo.

Pregúntate:

«¿Cuál es hoy mi ritmo y cómo puedo honrarlo?».

«¿Cómo bailar a su son? ¿Cómo expresar mi poder desde ahí?».

Recuerda (y *sigue* recordando)

Sean cuales sean el ciclo, la fase y el ritmo de vida que experimentes en estos momentos, me alegro mucho de que estés aquí. Incluso aunque, ahora mismo, estar aquí sea tal vez increíblemente doloroso. Incluso aunque, ahora mismo, la posibilidad de desconectarte de ti, insensibilizarte y seguir la corriente de lo que te han dicho e inculcado que debes hacer para tener una vida superficialmente más fácil te resulte MUCHO más tentadora.

Para tu información: si es así como te sientes, te estoy enviando ahora mismo TODO EL AMOR. Yo, TODAVÍA a estas alturas me asombro de la facilidad con que me desconecto (*The Real Housewives*, ¿la has visto?).*
No hay una manera correcta de hacer esto, y aquellas de nosotras que lo sentimos TODO estamos sintiendo también el inmenso dolor, el miedo y la

---

* N. de la T.: *The Real Housewives* (Las amas de casa reales) es una franquicia estadounidense consistente en varios *reality shows* que documentan las vidas de diferentes amas de casa de diversas regiones de Estados Unidos.

incertidumbre colectivos. Y eso... En fin, ESO es más de lo que un cuerpo puede soportar fácilmente.

¿Cómo establezco y mantengo *yo* esa reconexión y confianza con mi conocimiento instintivo?

Recordando.

Recuerdo que es un proceso de infinito amor a la madre. Literalmente.

Recuerdo a la Ma ancestral. La sabiduría contenida en nuestros huesos, en nuestro vientre y en nuestras células.

Recuerdo mis visiones y sueños de un futuro ancestral.

Recuerdo un SABER que no siempre se puede expresar con palabras ni entender con la mente pensante.

Recuerdo (y honro) mi cuerpo y sus ritmos.

Recuerdo (y honro) a la Tierra y sus ritmos.

Recuerdo (y honro) al cosmos y sus ritmos.

Así que, si te desconectas, si te olvidas de recordar, en el instante que te des cuenta métete bajo tu piel y confía en que la esperanza sigue firme e intacta. Cuando tú, yo y cada una de nosotras vibramos a una frecuencia que es nuestra propia frecuencia, esencial y única, entramos en la más dulce sintonía con TODO LO QUE ES. Se abre un nuevo campo de posibilidad, que nos llama, como a las Magas que nos precedieron y nos sucederán, a bailar con la vida.

Por favor, ¡vamos a bailar!

Baila, mueve el cuerpo, transmútate y resensibilízate

La verdad es que no he llegado a desprenderme del todo de mi anterior vida de sacerdotisa del templo (¡quién querría desprenderse de algo así!), y por eso me ENCANTA participar en el arte del *burlesque* y la danza del vientre. Pero lo que MÁS me apasiona de todo es poner una lista de reproducción con canciones bien seleccionadas y dejar que mi cuerpo s i e e n t a plenamente lo que siente y se mueva, sin coreografía. Mover el cuerpo para liberar, transmutar, resensibilizar.

Lo mismo que hacían sonar los tambores, las mujeres han utilizado SIEMPRE la danza como medicina y como magia. No para deleitar a los demás (aunque no me cabe duda de que lo hacían y lo hacen), sino para encantar a su propia serpiente con giros de cadera y ondulaciones de vientre y sentir la corriente de su energía serpentina. Para activar el poder mágico, curativo, magnético y regenerativo de su propia energía primordial. (¿Es posible que utilizaran el poder de sus movimientos para «encantar» a otros y conseguir así los resultados que querían en una situación dada? Me imagino que sí, y ¡choca esos cinco, hermana, y agita esas tetitas!).

La danza, el canto y la música se han utilizado desde el principio de los tiempos con fines curativos. El templo de Hathor en Egipto, el de Ggantija en Gozo y ¿te acuerdas de la tarantela? Ellos son mis musas. Como terapeuta somática y facilitadora de Práctica en Movimiento (*Practice in Movement*), la idea es que mis clases y talleres de IN.YOUR.BODY.MENT® sean espacios no para que «te pongas en forma» (aunque «podrías»), sino esencialmente lugares ceremoniales a los que puedes venir para establecer pleno contacto con tu paisaje de mujer, el paisaje de ELLA, y moverte, bailar, sudar, rezar, corregular tu sistema nervioso y cocrear el apoyo que necesites, en ese momento, a través de la respiración, el sonido y el movimiento.

El doctor Peter Lovatt, autor de *The Dance Cure* (La cura de la danza), es uno de mis seres humanos favoritos, y me siento honrada de poder decir que ha sido mi profesor. Dice: «Los seres humanos hemos nacido para bailar. En el mundo sedentario de hoy en día, todos nos sentiríamos mejor si bailáramos más. Los estudios científicos han demostrado que diez minutos de baile son el ejercicio más completo para el cerebro y el cuerpo entero, pues elevan el ritmo cardíaco y provocan una liberación de endorfinas que hacen que nos sintamos bien, nos conectan con nuestras emociones y reducen el estrés. Bailar nos hace sentirnos más vivos».

No somos espectadoras. Todas y cada una de nosotras tiene un lugar y un espacio, una voz en la orquesta divina, un corazón en la gran danza rítmica, y necesitamos recuperar el espacio que es nuestro en la pista de baile cósmica.

¿Cómo? Nos reconectamos con todos los ritmos de todas las maneras posibles. Nos movemos. Al son de nuestro tambor. No al que nos han querido y quieren imponer, sino al nuestro propio, que es el son de nuestro corazón, de nuestro vientre y nuestro cuenco pélvico.

Al son del canto de sirena contenido en el anhelo oceánico y los aprendizajes de nuestro ser en conexión con la Tierra y el cosmos: esto es conciencia de Ma, esto es tu poder de creadora, tu poder de maga. Es al son único y esencial de tu tambor y tu canto de sirena como puedes desprogramarte, desenredarte y desentrañar tus misterios. Retornar a la verdad de la pitonisa y bailar.

Bailar la danza de TU inteligencia rítmica.

Recordar, reconectarte y reclamar en fiera reverencia.

Eres la magia y la medicina de ESA vibración. ESA frecuencia.

Y ni tú, ni yo, ni ninguna de nosotras vamos a disculparnos mientras...

Bailamos. Bailamos. Bailamos.

Porque en el baile, soy más yo, eres más tú, y nos convertimos en NOSOTRAS.

Sintonizadas.

Magnéticas.

Completas.

No bailes como si NADIE te estuviera mirando, baila como si te estuviera mirando EL MUNDO ENTERO.

ꙮ TÚ, conectada a tu propia fuente ꙮ

TÚ, que recuerdas tu magia *a través de* tu cuerpo. Que eres capaz de ver en la oscuridad, de detectar con tu olfato de zorro tu conocimiento, de sentir el ritmo de tu tambor y cantar tu canto de sirena.

TÚ, que sabes que a través de tu cuerpo, tus ritmos, tu voz, tu canción y tu frecuencia *puedes* encontrar fluidez, libertad y liberación. (A tu propio ritmo. A tu manera).

TÚ, que recuerdas tu naturaleza cíclica y te permites el espacio (de gracia) para fluir. (A tu propio ritmo. A tu manera).

TÚ, que tienes fe y confianza en que, cuando reconozcas e integres en la plenitud de *tu* expresión todas las partes de tu cuerpo, en TODAS tus estaciones, los lugares y espacios acostumbrados a protegerte y defenderte se podrán relajar, y podrás dejar que tu cuerpo sea magnética, fértil, fecunda tierra sagrada, donde la magia y la medicina estén omnipresentes. (A tu propio ritmo. A tu manera).

TÚ, que descansas Y floreces. Que te nutres Y floreces. (A tu propio ritmo. A tu manera).

TÚ, que reconoces que ha llegado el momento de aunarlo todo y dedicarte a *tu* verdadera naturaleza de fiero amor a la madre. (A tu propio ritmo. A tu manera). Y reconoces también que, al hacer ESTO, rompes los encantamientos sociales centenarios que han intentado impedirte precisamente esta remembranza.

TÚ, que sabes que la vida TODA es un proceso de devenir y que A CADA MOMENTO te conviertes en lo que ya eres. Porque... paradojas, ¿recuerdas?

Vive tu ritmo.

¿Y ahora qué?

Ser maga es encarnar tu magia y tu medicina.

Es contar con el eterno apoyo cíclico de la vida.

No es hacer comedia, es devoción.

Es presencia, sin fingimiento ni máscaras.

Es ser tú, EN tu cuerpo, dueña del misterio, rendida a la autoridad del misterio, en los dominios del misterio.

Ser TÚ conectada con tu propia fuente –el solo hecho de pronunciarlo en voz alta evoca el profundo conocimiento de la pitonisa, ¿verdad?– es magia corporal, y por eso todo lo que he compartido contigo en estas páginas entraña una vibración, una transmisión y una frecuencia de naturaleza alquímica, que DESBLOQUEARÁ recuerdos, gnosis, mapas, canciones y códigos para ayudarte a mantener el rumbo en *tu* propio viaje y experiencia de la vida.

No el convencional «viaje del héroe» –que esquematizó Joseph Campbell– con el que estamos familiarizadas y que aparece en todas las películas. Ni tampoco el viaje de desarrollo personal que la sociedad nos vende, en el que una va mejorando, y es cada vez más perfecta, y se cree posiblemente un poco superior a las demás. No, este es un viaje *distinto*, un viaje que va tomando forma momento a momento y que rara vez, o nunca, se parece a ninguna imagen ni idea que nos hayan enseñado (porque los sistemas a los que les conviene que seamos mansas, obedientes y tengamos la boca cerrada consideran que una mujer autosuficiente, que vive en la remembranza de los ciclos y ritmos que rigen su verdadera naturaleza de fiero amor a la madre, es «peligrosa»).

El laberinto

Esto es un paseo por el laberinto. Una invitación a que entres y desciendas al lugar donde las brujas «malvadas» y las mujeres «peligrosas» son en realidad Magas. Mujeres que SABEN. Enérgicas, magnéticas, mujeres que eternamente y a cada momento dan a luz más y más de quienes han venido a ser.

Saben que su canción, su canto de sirena, late en su sangre y en sus huesos. Late en las vías fluviales de su ser, late en todas y cada una de sus células, esperando, deseando ser cantada y expresada a través de ellas.

Este es un viaje en el que:

Se te permite (y no porque necesites el permiso de NADIE) ser terreno magnético y fecundo para la magia y los milagros Y ser testigo de la guerra, la codicia y la destrucción reinantes en el mundo.

Se te anima enérgicamente a apoyar, nutrir y dar a los demás Y a apoyarte, nutrirte y darte a ti misma. REALMENTE.

Eliges ser una madre para ti misma, ofrecerte el amor y la comprensión que necesitas para crecer, y eliges responsabilizarte radicalmente de tus actos y decisiones.

Eres capaz de percibir y sentir el espectro entero de las emociones y las sensaciones sin querer desconectar de ellas al instante. (Tal vez lo sigas haciendo en algunos momentos, pero, tranquila, porque tu capacidad se irá *d i l a t a a a n d o* sin fin).

Eres capaz de acoger distintos puntos de vista (cada uno con sus particulares complejidades y matices) sin sentir la necesidad de demostrar que tienes razón y los demás están equivocados.

Sabes que no tienes que conseguir ningún objetivo. No tienes que arreglar nada. «Ser mejor» en nada. El ÚNICO propósito es seguir revelando más y más de quien eres.

Estás presente en «lo que es», y estás bien, estás de verdad OK, EXACTAMENTE con «lo que es». Para llenarte de vitalidad y viveza desde la raíz y, despacio, y tentativamente, y con una tonelada de amor y compasión a ti misma, puedas expandir tu capacidad y contener MÁS.

Es un viaje que penetra hasta lo más hondo en las entrañas de tu ser, que hace que la tierra se te meta bajo las uñas, un viaje que puede hacerte saltar en putas llamas (para que aprendas y disciernas) y que a menudo es el camino más largo para volver a casa. (Porque la integración y la recalibración NO SE PUEDEN apresurar).

Para tu información: no hay destino. Este viaje es el paseo por el laberinto de toda una vida –hacia dentro y hacia abajo, hacia arriba y hacia fuera– dando a luz perpetuamente *más* y *más* de quien ya eres.

Esta es la revolución.

NOTA: La revolución ocurre cuando los ciclos se han experimentado plenamente, se han completado, hemos aprendido de ellos, los hemos metabolizado y nos han transmutado.

La conexión con nuestra propia fuente nos ayuda a completar los ciclos, nos empuja en nuestra revolución cíclica para evitar que nos quedemos atascadas en el miedo o los traumas. Es un proceso. Constante. Para toda la vida. Sin principio ni fin. Continuamente alineando, refinando y redefiniendo. Con curiosidad y fascinación infinitas. Deja que esa conexión dirija todo lo que haces y todo lo que eres en el mundo.

La conexión con tu propia fuente no es un objetivo más que alcanzar. No es un esquema simplificado que describa detalladamente cómo debes cuidarte y cómo debes vivir. Es un guiño, directo de la Fuente, que evoca en ti la remembranza de una EXPERIENCIA PLENAMENTE VIVIDA. Es un empujón que te provoca para que EXPERIMENTES LA VIDA CON TAL PLENITUD que tu conocimiento de ti misma se afine y se expanda, y se expandan e intensifiquen tu percepción sensorial, la conexión con tus instintos, tu intuición y tu magia.

Conciencia cíclica = autoconocimiento
Autoconocimiento = autoridad
Autoridad = presencia plena EN.TU.CUERPO
Presencia plena EN.TU.CUERPO = TÚ,
CONECTADA CON TU PROPIA FUENTE

Maga, ELLA cuya magia, poder y sabiduría se sienten, se restauran, se regeneran y ocupan plenamente su lugar En.Su.Cuerpo.

ELLA, que es fecunda y está nutrida, saciada y energizada de raíz por la Fuente, es terreno fértil para *cualquier* posibilidad de ser. ELLA puede

abrirse camino, innovar y cocrear una vida, una experiencia plenamente vivida, un mundo que es..., en fin, auténtica y jodidamente glorioso y, lo que
es más importante, jodidamente necesario.

ASÍ SEA.

Ceremonia de clausura –
Toma posesión de tu trono

Maga, da a luz una nueva posibilidad.

Una posibilidad en la que tú NO eres el resultado del cuento que otras personas, y tu familia, y la sociedad te han contado de ti.

Una posibilidad en la que TÚ eres poderosa.

En la que TÚ eres fuerte.

Eres fecunda.

Fértil.

En la que TÚ manifiestas. (Todo, desde nueva vida o proyectos creativos hasta putos universos enteros).

Una posibilidad en la que ya no esperas que nadie te salve ni te rescate.

Una en la que la vida te importa, ¡COÑO si te importa!, y te entregas de lleno, pero tienes MUY claro a qué y a quién.

Una en la que no buscas ni autorización ni aprobación.

Una en la que no estás esperando a que alguien te compre un anillo o te encuentre el clítoris. (Principalmente porque el anillo te lo puedes comprar tú, y POR SUPUESTO puedes llevarte a ti misma al orgasmo).

Porque desde la raíz hasta la corona, eres la soberana, y ha llegado el momento de que tomes posesión de tu trono.

∽ La ceremonia ∽

Qué vas a necesitar

Un cuenco; pétalos de rosa o sal (opcional); aceite esencial de rosa; agua de manantial (o agua del grifo que hayas bendecido con las palabras que quieras susurrar); tu diario y un bolígrafo; un espejo.

Qué hacer

Si te parece, forma un círculo delante de ti, con pétalos de rosa o sal o apuntando con el dedo, y entra en él. Invoca a tu equipo espiritual para que esté presente (antepasadas, espíritus, tótems animales o guías), pídeles protección y declara abierto tu espacio.

✴ Inhala profundamente, hasta que el aire entre en lo más profundo del corazón y del cuenco pélvico, y suéltalo luego en una exhalación sonora. Hazlo cinco veces. Cada vez, siéntete echar el ancla con energía en lo más profundo de Mamá Tierra.

Inhala y empuja la energía hacia abajo, hacia Mamá Tierra, a través de tu cuenco medicinal, a través de tus raíces hasta entrar en SUS raíces. Exhala y absorbe la energía al interior de tus raíces, desde SUS raíces, y al interior de tu caldero alquímico, tu espacio sacro. Si quieres, colócate una mano encima.

✴ Haz esta práctica durante unos minutos en silencio. Cuando la hayas completado, abre tu diario y pregúntate: «¿Quién soy yo? ¿Quién es esta mujer llamada a tomar posesión de su trono?».

Deja que tu corazón y tu vientre diserten sobre la respuesta. Siente, NO pienses. Cuando hayas terminado, llena el cuenco con agua y haz en él una declaración sobre ti, la mujer que está llamada a tomar posesión de su trono.

Algo como: «Yo... (tu nombre) soy Fuente de Poder y Placer y Fortaleza y... (elige palabras que expresen tu pasión, tu placer y tu propósito), y tomo posesión de mi trono».

Repite tres veces tu declaración. El agua contiene tus palabras; bébetela y deja que el agua infundida de la declaración obre a través de ti.

✷ Cuando estés lista, vuelve a llenar de agua el cuenco y añade unas gotas del aceite esencial de rosa.

Ponte de pie y moja el pulgar en el agua; póntelo en el centro de la frente y repite la declaración.

Pausa.

Sumerge el pulgar de nuevo en el agua de rosa, póntelo en los labios y repite la declaración.

Pausa.

Sumerge el pulgar en el agua de rosa, póntelo en la garganta y repite la declaración.

Pausa.

Sumerge el pulgar en el agua de rosa, póntelo en el plexo solar y repite la declaración.

Pausa.

Sumerge el pulgar en el agua de rosa, póntelo en el cuenco pélvico y repite la declaración.

Pausa.

Cuando hayas terminado, ponte el espejo delante y mira fijamente tu glorioso reflejo, mira a la mujer que eres, a la mujer que ha recuperado su trono, y repite una última vez la declaración mirándote a los ojos.

✷ Cierra el círculo, agradece a tu equipo su protección y apoyo, y declara cerrado tu espacio.

…

Recuerda, reclama y reverencia tu poder. Reconéctate con él.

Tu poder de ser para ti misma fuente de posibilidad, de energía y de magia.

Tu poder para darte perpetuamente a luz y manifestar más y más de quien eres.

Hazlo por ti, hazlo por aquellas que han recorrido el camino antes que tú, las que lo han recorrido contigo y aquellas que están aún por venir.

Toma posesión de
tu trono
y corónate como
soberana
Reina Maga.

Agradecimientos

Choca esos cinco, choque de pecho y profundas reverencias de amor, chocolate y agradecimiento a:

ELLA. Siempre. Gracias por ser la SUPREMA Reina Maga. Por ayudarme a volver a casa –una y otra vez–, a mi cuerpo, a mi verdad, a mi magia, a través de ti, encarnándote, y a dar a luz perpetuamente mi propio devenir. Te quiero tanto...

Al Colectivo SHE Power: vosotras, maravillosas mujeres, sois la razón de que existan este libro y la medicina que contiene. Vuestro apoyo y vuestros enormes corazones palpitantes rebosantes de belleza, nuestras tiradas de cartas cada lunes, nuestras lecturas sobre el paisaje de ELLA y los rituales y ceremonias me ayudaron a recordar. MI voz. MI arte. MI magia. Habéis sido, y sois, EL más delicioso espacio para una mujer en proceso. Amores, somos las Reinas Magas. Este tiempo es NUESTRO.

Al equipo de Hay House: sois TODOS tan alucinantes...

Michelle, gracias por confiar en mis instintos y en mi magia y por ser una auténtica fuerza de la naturaleza.

Debra, tu paciencia y «rigor» crearon el recipiente perfecto para contener el caos de mi caudal creativo. MUCHO AMOR. Lisette, gracias por tu profesionalidad, tu sensibilidad y tu gran corazón lleno de belleza.

A mi amada familia: a ti, Vikingo, mi barbudo amor eterno. Qué vida la nuestra, ¿eh? Estoy tan contenta de que la estemos viviendo juntos, marido sexi. TE QUIERO TANTO. Leanne y Sarah –que tenéis los nombres más bonitos Y la más noble naturaleza–, NO sé qué hice para mereceros a las dos en mi mundo, pero me siento tan afortunada, tan indescriptiblemente feliz y agradecida porque estéis ahí. Nicholas, Aimee, Katie, David, Mary,

Jenny y Karen: gracias por ser mi gente. Mis queridos amigos, mis humanos de apoyo emocional, compartidores de memes, mensajeros de WhatsApp, proveedores de comida, de espacio, de TODAS LAS COSAS. OS QUIERO.

A Carrie-Anne, Eleanor, Evanna, LeAnn, Leanne y Maude, gracias por vuestra autenticidad, vuestro gran corazón, vuestro trabajo en el mundo y vuestro apoyo. Es un honor conoceros y quereros.

Ah, y al equipo de Rowdy and Fancy's por hacer las chocolatinas más deliciosas y mágicas del mundo... Y no estoy haciendo publicidad a cambio de productos gratis: pagué MUCHO dinero por TODO EL CHOCOLATE que me comí mientras escribía, y no me arrepiento NI LO MÁS MÍNIMO. (De hecho, puede que vosotros seáis la razón por la que terminé este libro. Así que GRACIAS).

Sobre la autora

Lisa Lister es autora de *Amar tu paisaje de mujer* y de los superventas *Bruja* y *Code Red* [Código Rojo], artista, oráculo, terapeuta especializada en el trabajo con mujeres y facilitadora de Práctica en Movimiento. Ofrece herramientas prácticas, psicológicas y espirituales, orientación, apoyo, y un espacio en el que descubrirse y expresarse, a mujeres que tienen interés en explorar su cuerpo y sanar la relación con sus ciclos, su sexualidad y su poder.

www.thesassyshe.com.